QUE SAIS-JE ?

La résilience

SERGE TISSERON
Psychiatre, Directeur de Recherches
à l'Université de Paris X - Nanterre

Troisième édition mise à jour

13e mille

DU MÊME AUTEUR

AUX ÉDITIONS AUBIER

Tintin chez le psychanalyste, 1985.
La bande dessinée au pied du mot, 1990.
Tintin et les secrets de famille, 1992 (1re éd., Séguier, 1990).
Y a-t-il un pilote dans l'image ?, 1998.
Comment l'esprit vient aux objets, 1999.
Petites mythologies d'aujourd'hui, 2000.

AUX ÉDITIONS DUNOD

La honte, psychanalyse d'un lien social, 1992.
Psychanalyse de l'image, des premiers traits au virtuel, 1995.
Le psychisme à l'épreuve des générations, 1996 (ouvrage dirigé par Serge Tisseron).

CHEZ D'AUTRES ÉDITEURS

Psychanalyse de la bande dessinée, Paris, PUF, 1987 (rééd., Flammarion, 2000).
Hergé, Paris, Seghers, 1987.
L'érotisme du toucher des étoffes, Paris, Séguier, 1987 (en collaboration avec Yolande Papetti).
Clérambault, psychiatre et photographie, Paris, Les Empêcheurs de penser en rond, 1990 (en collaboration avec Mounira Khemir).
Tintin et le secret d'Hergé, Paris, Presses de la Cité, 1993.
Le bonheur dans l'image, Paris Les Empêcheurs de penser en rond, 1996 (rééd., 2003).
Le mystère de la chambre claire, Paris, Les Belles Lettres (rééd., Flammarion, 1999).
Secrets de famille, mode d'emploi, Paris, Ramsay, 1996 (rééd., Marabout, 1997).
Du bon usage de la honte, Paris, Ramsay, 1998.
Nos secrets de famille. Histoires et mode d'emploi, Paris, Ramsay, 1999.
Enfants sous influence. Les écrans rendent-ils les jeunes violents ?, Paris, Armand Colin, 2000 (rééd., 10/18, 2003).
L'intimité surexposée, Paris, Ramsay, 2001 (Prix du livre de Télévision ; rééd., Hachette Littératures, 2002).
Les bienfaits des images, Paris, Odile Jacob, 2002 (Prix Stassart de l'Académie des sciences morales et politiques).
Comment Hitchcock m'a guéri, Paris, Albin Michel, 2003.
Petit manuel à l'usage des parents dont les enfants regardent trop la télévision, Paris, Bayard, 2004.
Vérités et mensonges de nos émotions, Paris, Albin Michel, 2005.
Virtuel, mon amour, Paris, Albin Michel, 2008.

BANDES DESSINÉES ET OUVRAGES ILLUSTRÉS

Histoire de la psychiatrie en bande dessinée, Paris, Savelli, 1978.
Les oreilles sales, Paris, Les Empêcheurs de penser en rond, 1994.
Bulles de divan, Paris, Calmann-Lévy/Ramsay, 2001 (rééd., Marabout Poche, 2005).
Journal d'un psychanalyste, Paris, Calmann-Lévy/Ramsay, 2003 (rééd., Marabout Poche, 2004).
Tintouin chez le psychanalyste, Paris, Calmann-Lévy, 2004.
La télé en famille. Oui !, Paris, Bayard Jeunesse, 2004.
Dessous de divan, Paris, Calmann-Lévy, 2005.

ISBN 978-2-13-057795-9

Dépôt légal — 1re édition : 2007
3e édition mise à jour : 2009, août

6, avenue Reille, 75014 Paris

Préface à la deuxième édition

RÉSILIENCES : COMMENT S'Y RETROUVER ?

Le mot de « résilience » est de plus en plus utilisé dans tous les domaines : écologique, bancaire, politique… Mais ne nous y trompons pas, il a des significations différentes selon les cas et la résilience humaine a sa propre définition. Ou, plutôt, elle en a plusieurs, car ceux qui s'y intéressent se divisent en deux courants au moins...

Le premier considère la résilience humaine comme une caractéristique personnelle liée aux ressources propres de chacun et qu'on peut mesurer à chaque instant. Cette conception fait grand cas des procédures d'évaluation et s'accompagne de l'idée qu'on puisse repérer ceux qui auraient une « résilience faible » afin de les aider avec un programme « sur mesure ». Le risque est évidemment de les stigmatiser, sans compter le danger que des investigations étendues à tous les domaines de la vie peuvent faire courir aux libertés.

Le second courant considère au contraire que la résilience de chacun dépend d'abord de la qualité des liens et des interactions qui existent dans une communauté à un moment donné, et que c'est sur cette base que les programmes de prévention doivent s'organiser. C'est en application de ce principe qu'une équipe de spécialistes a été mise en place à Londres, après les attentats de New York du 11 septembre 2001, et s'est appelée *The London Resilience Team.* Le formidable soutien mutuel qui s'est organisé dans cette ville, notamment par le canal d'Internet[1], après les attentats du 7 juillet 2005, semble avoir donné raison à ce choix.

Mais, dans les deux cas, l'usage du mot est rendu problématique par la nature même des conséquences d'un traumatisme. Ce qui arrive alors est en effet un peu semblable à ce qui se produit après un incendie de forêt, lorsque la végétation se reconstitue dans un enchevêtrement de pousses concurrentes et complémentaires. Il n'est ainsi pas rare de trouver côte à côte, chez un sujet traumatisé, des manifestations aussi différentes que des engagements altruistes, des comportements sexuels sadomasochistes, des manifestations destructrices vis-à-vis des autres ou de soi (toxicomanie et conduites à risque notamment), l'enfermement dans la plainte qui incite à demander de l'aide sans vouloir guérir, ou encore des tendances créatrices. Ces diverses attitudes que la morale encense ou réprouve peuvent coexister entre elles et la tentation est évidemment grande, pour ceux qui parlent de résilience, d'oublier ce foisonnement pour s'en fabriquer une image conforme à leurs choix. La confusion est alors complète entre les références morales et scientifiques.

1. Notamment grâce à un site spécialement créé dans ce but par la BBC.

Enfin, conscients de la nécessité où nous sommes d'apprendre à vivre avec la menace des catastrophes à venir, certains se demandent comment favoriser la résilience des générations futures. Dans quelle mesure un travail de mémoire appliqué à l'ensemble des cataclysmes – guerriers, naturels, sanitaires, technologiques et économiques – peut-il y contribuer ? Si ceux-ci constituent encore souvent des sortes de « secrets de famille » à l'échelle des sociétés (il faudrait éviter d'en parler pour ne pas affoler !), nous savons en effet que c'est le contraire qui est vrai[1] : les drames vécus par une génération ne sont utiles aux suivantes que s'ils ont fait l'objet d'une mise en sens, qui est elle-même la condition de leur transmission explicite[2].

Bref, la résilience est au centre de bien des débats. Et l'extraordinaire inflation du mot, jointe aux quiproquos qui en résultent, nécessitent, plus encore qu'en 2007, de savoir de quoi nous parlons quand nous l'employons.

1. Comme l'ont montré mes nombreux travaux sur les secrets de famille depuis 1985, notamment *Tintin et les secrets de famille* (Séguier ; rééd. Aubier, 1992) et *Secrets de famille, mode d'emploi* (Ramsay ; rééd. Marabout, 1997).

2. Ce sera le rôle du tout jeune Institut pour l'histoire et la mémoire des catastrophes – IHMéC – que de favoriser et d'accompagner ce travail.

INTRODUCTION

En sciences humaines, une idée nouvelle a souvent un caractère d'évidence qui fait qu'on se demande comment on n'y a pas pensé plus tôt. La résilience n'échappe pas à cette règle, mais ne nous y trompons pas. Si une idée novatrice nous paraît soudain aller de soi, c'est parce qu'une longue évolution des mentalités a permis de l'accepter.

Une évolution des mentalités, et aussi une évolution des mots ! Nous ne rentrerons pas ici dans le débat de savoir si l'idée précède le mot, ou bien si c'est l'inverse, mais il faut bien reconnaître que celui de résilience, aujourd'hui, a du ressort ! On parle pêle-mêle de « personnalité résiliente », de « matelas résilient », de « démocratie résiliente » ou d'« élève résilient ».

Autant dire que le mot a un large halo sémantique. Il en vient même à suggérer une sorte d'immunologie psychique qui protégerait des traumatismes un peu comme une vaccination met à l'abri des risques d'infection. En fait, cette signification est liée à la tradition anglo-saxonne. D'ailleurs, le mot français de « résiliation », qui est très proche de « résilience », a une signification bien différente : il s'agit de se libérer d'un contrat. C'est parce que les deux mots ont la même racine latine, mais que le premier en descend en ligne directe, tandis que le second en provient par l'intermédiaire d'un cousin anglais...

Le mot latin *resilire,* qui est à l'origine de « résiliation » et de « résilience », est fabriqué à partir du verbe *salire,* qui veut dire « sauter », et du préfixe « re » qui indique un mouvement vers l'arrière. D'où le sens pris par le mot en français au Moyen Âge : se rétracter, se dégager d'un contrat par une sorte de saut en arrière. La « résiliation » désigne ainsi le geste de se délier d'obligations préalablement contractées et de s'en libérer. Mais, parallèlement à cette évolution française, le participe présent du latin *resilire* – *resiliens* – est absorbé au XVIIe siècle par la langue anglaise qui retient du saut l'idée de la réaction après un choc : le rebond. Ce n'est plus le saut en arrière pour se délier qui importe, comme en français, mais l'importance du choc et le fait de reculer pour mieux sauter.

C'est naturellement ce second sens qui est privilégié lorsque le mot passe aux États-Unis. Paul Claudel, au début du XXe siècle, en parle dans les termes suivants : « Il y a dans le tempérament américain une qualité, qu'on traduit là-bas par le mot de *resiliency* pour lequel je ne trouve pas en français de correspondant exact, car il unit les qualités d'élasticité, de ressort, de ressources et de bonne humeur. » Les premiers traducteurs français confrontés au terme peinent d'ailleurs à le traduire. Ils le font souvent en lui substituant le mot de « résistance » bien que l'un et l'autre aient une origine qui leur donne une signification clairement différente : la résistance est la capacité de se tenir droit (le mot vient du latin *stare*), tandis que la résilience est la capacité de rebondir (du latin *salire,* qui signifie sauter). Certains traducteurs pensent en effet le mot trop lié au paysage culturel américain et impropre à la consommation française (C. Chiland, 2006). Pourtant, aussitôt introduit dans l'Hexagone, son succès est fulgurant. Ses déclinaisons sont aujourd'hui non seulement éditoriales, mais aussi sociales et politiques. Et la plupart sont dans la lignée du mot *resiliens* que la langue anglaise a adopté au XVIIe siècle avant qu'il ne s'exporte aux États-Unis. Il est ainsi passé en quelques années de la désignation d'un rebond observé au postulat d'une capacité de rebondir, pour signifier enfin la capacité de mobiliser instantanément des défenses efficaces en cas de stress.

Pourtant, la racine latine du mot – *resilire* – est là pour nous suggérer une autre signification : délier les effets d'un traumatisme sur soi. La résilience ainsi envisagée n'est plus le pouvoir de résister à tout, mais celui d'être capable de se reconstruire après un choc. En pratique, nous verrons que les deux entrées coexistent : la résilience est *à la fois* la capacité de résister à un traumatisme et celle de se reconstruire après lui.

Bref, pour comprendre ce mot, il faut s'intéresser à son histoire, et c'est bien sûr par là que nous commencerons. D'autant plus qu'en marge des approches scientifiques, des usages courants du mot se sont développés au fur et à mesure de sa pénétration dans le grand public, jusqu'à lui donner des résonances morales, voire esthétiques. La résilience serait « bonne » et même « belle » ! Ces nouvelles significations ont bien entendu démultiplié le pouvoir attractif du mot... au risque de nous faire totalement perdre de vue sa signification profonde.

Le résultat est sous nos yeux. Le mot charrie aujourd'hui le meilleur et le pire. Du côté du meilleur, les enquêtes épidémiologiques des pionniers américains, les récents travaux de neurophysiologie sur la plasticité cérébrale, les prolongements contemporains de la théorie de l'attachement et les tentatives déjà anciennes de comprendre le fonctionnement psychique des sujets traumatisés à la lumière de la psychanalyse. Du côté du pire, les innombrables recettes proposées par les tenants du développement personnel et la présentation des « résilients » comme dc nouveaux héros. Bref, d'un côté, les travaux de chercheurs qui s'interrogent, de l'autre, le cirque des marchands de bonheur. D'un côté, de l'autre... En fait, les choses ne sont pas si simples, car des auteurs qui prétendent se situer dans le champ scientifique se font parfois les propagateurs de métaphores et d'approximations qui deviennent autant de foyers d'erreur...

Pour nous guider dans ce dédale, nous étudierons d'abord les laboratoires successifs dans lesquels le mot de résilience s'est peu à peu imposé. Ce voyage nous emmènera aux États-Unis, puis en Angleterre. Dans un second temps, nous évoquerons ses déclinaisons actuelles dans les domaines de la famille, de l'école et de la vie sociale. Puis nous aborderons les questions posées par son formidable succès en France. Enfin, dans une dernière partie, nous reviendrons aux utilisations autorisées du mot en psychologie pour évoquer les pièges qui les guettent.

Mais reconnaissons que chacune de ces étapes sera difficile. La notion est tellement mouvante – sans parler des idées qui la parcourent – qu'elle est difficile à cerner, et donc à cibler. De quelque côté qu'on l'aborde, on court le risque de s'entendre reprocher qu'on ignore sa « véritable nature » ! Essayons pourtant...

Chapitre I

HISTOIRE D'UNE BOÎTE À OUTILS

La résilience s'inscrit dès l'origine du côté d'une psychologie des comportements. C'est de ce point de vue qu'elle nous invite à un regard nouveau dans deux domaines essentiels : la capacité de résister à des situations traumatiques et la possibilité de transformer un traumatisme pour en faire un nouveau départ.

I. – Un regard nouveau sur les traumatismes

1. **La prise en compte des ressources.** – La notion de facteurs de risques, qui s'était développée dans les années d'après guerre, avait fait considérablement progresser la compréhension des troubles psychiques, mais elle avait aussi fini par produire ses propres excès. Quand beaucoup de facteurs de risque étaient réunis sur une même personne, on pouvait être tenté de croire que celle-ci n'avait aucune chance de s'en sortir ! Le mot de résilience a voulu s'opposer à cette fatalité. La prise en compte des facteurs de risque doit être constamment contrebalancée par celle des ressources que le sujet possède et des possibilités que son milieu lui propose.

Pour en rendre compte, trois modèles, qui sont en fait complémentaires, ont été proposés.

Le modèle compensatoire. – Certaines particularités réduisent le risque qu'un traumatisme produise une rupture. Par exemple, plus l'estime de soi augmenterait et plus le risque d'être affecté par un traumatisme diminuerait (ce point de vue quantitatif laissant de côté la question du type d'estime de soi développé par chacun).

Le modèle du challenge. – Certains stress peuvent être perçus comme des stimulateurs par certaines personnes, alors qu'ils sont perçus comme des catastrophes par d'autres. Pour chacun, il faut trouver un équilibre entre tranquillité et stress formateur.

Le modèle des facteurs de protection. – Ceux-ci impliquent les compétences cognitives, mais surtout des éléments relationnels. C'est en ce sens que Esther Mujawayo, qui a vécu le génocide rwandais, rappelle avec force – mais sans jamais parler de résilience – que, quelle que soit la gravité des traumatismes subis, il reste toujours des potentiels exploitables : « Tout ce qu'il faut pour que tu remontes à la surface, c'est qu'on t'aide à retrouver ce qui est fort en toi. Retrouver ce qui a été écrasé, comment ça a été écrasé, et puis reconstruire là-dessus » (E. Mujawayo et S. Belhaddad, 2004).

2. **Le traumatisme envisagé comme une ouverture.** – Pendant longtemps, les traumatismes ont été envisagés uniquement sur leur versant catastro-

phique. Une fois le trauma survenu, tout juste pouvait-on essayer d'en réduire les effets négatifs. C'est ce qu'essayait de faire la médecine depuis ses origines, puis, plus tard, la psychanalyse impulsée par Sándor Ferenczi, cet élève de Freud qui consacra sa vie à comprendre et soigner les victimes d'agressions de toutes natures, notamment sexuelles. À sa suite, Nicolas Abraham disait que si la victime trouve dans ses profondeurs psychiques des imagos parentales sécurisantes, cela peut lui permettre de sauver sa peau et de préserver les liens favorables à son environnement ; mais si elle est, au contraire, confrontée à des imagos parentales rejetantes ou endommagées, elle risque bien de mourir ou de survivre au prix de constituer plus tard une psychonévrose traumatique (1978).

Mais la logique des traumatismes restait essentiellement abordée d'un seul côté, leur face sombre. Or, par leur caractère exceptionnel, ils sont ce qui place celui qui y est confronté hors de lui-même. Il dépend alors de la suite qui leur est donnée qu'ils soient une tragédie ou une ouverture. Mal compris et mal géré, un traumatisme peut devenir synonyme d'effondrement de la conscience. Au contraire, s'il est bien géré, il peut constituer une ouverture à soi-même, ou, plus précisément, à une partie de soi qui était jusque-là inconnue et qui a été brutalement révélée par le traumatisme. Celui-ci peut alors devenir l'occasion d'être de plus en plus épanoui au fur et à mesure des épreuves – dans la logique du dicton « Tout ce qui ne tue pas fait grandir » – et pas seulement de résister à elles. Cette idée d'un « rebond » est centrale dans le mot anglo-saxon de *resilience*. Elle est évidemment exaltante, à condition toutefois d'être très prudent : rien ne prouve jamais que les potentialités nouvelles développées à l'occasion d'un traumatisme ne se seraient pas manifestées sans lui, ou que d'autres, même, ne seraient pas survenues. Nul ne peut réécrire sa propre histoire...

Voilà pour ce qu'on pourrait appeler le « programme commun » de la résilience. Mais à partir de là, plusieurs auteurs appartenant chacun à des écoles différentes ont développé des approches spécifiques.

II. – Un mot aux mille visages

Joëlle Lighezzolo et Claude de Tychey (2004), qui se sont livrés à une large revue des définitions actuelles de la résilience, concluent... sans conclure : « La résilience est-elle à considérer comme un trait (caractéristique de la personnalité), comme un résultat, comme un processus... ou bien relève-t-elle des trois à la fois, comme le souligne très justement J. Lecomte (2002)... » Les auteurs ne terminent pas leur phrase par un point d'interrogation, comme on pourrait logiquement s'y attendre, mais leur perplexité est largement soulignée par les points de suspension qui y reviennent à deux reprises. Et pour cause ! Personnalité, processus adaptatif, référence morale, la résilience est tout cela, et bien d'autres choses encore.

Norman Garmezy, qui est considéré par certains comme le « père » de la résilience, place le critère de l'adaptation sociale au centre de son appréciation puisqu'elle est pour lui « le processus, la capacité ou le résultat d'une bonne adaptation en dépit des circonstances, des défis ou des menaces » (1993). Pour d'autres, le mot serait réservé à la désignation d'un processus psychique proche de ce que Freud appelait « sublimation » et désignerait la capacité de transformer en richesses intérieures les conséquences pénibles d'un traumatisme (S. de Mijolla, 2006). D'autres encore en font la clé du bonheur, totalement absent des deux définitions précédentes (S. Vanistendael, J. Lecomte, 2000), tandis que certains n'acceptent de désigner comme « résilientes » que les personnes capables de respect de soi-même et des autres, ainsi que de compassion (R. Poletti, B. Dobbs, 2001). Et ce n'est qu'un échantillon ! Par exemple, en 2006, le collectif « Pas de 0 de conduite pour les enfants de 3 ans » assimile la résilience à la « souplesse psychique et cérébrale » dont serait capable chacun à chaque moment de sa vie.

On pourrait allonger la liste. Aujourd'hui, les significations données à ce mot sont si nombreuses que certains des chercheurs qui l'emploient prennent soin de préciser qu'ils parlent de « la résilience véritable » – ou encore « authentique » –, comme pour se démarquer des contrefaçons ! Enfin, pour compliquer encore les choses, le mot n'appartient pas seulement au champ de la psychologie. Plusieurs disciplines l'utilisent : la résistance des matériaux qui est à son origine, la géographie des risques et même le développement durable ! Les échanges et les glissements de sens qui en résultent ne sont évidemment pas faits pour en simplifier la compréhension.

Mais si la résilience est aujourd'hui toutes ces choses à la fois, elle ne l'a pas été immédiatement. Elle est le résultat d'une juxtaposition de pensées qui se sont successivement emparées du mot et l'ont adapté à leurs exigences. Chaque époque – pour ne pas dire chaque idéologie – a privilégié un aspect de cet ensemble un peu « fourre-tout » auquel nous avons affaire aujourd'hui. À tel point qu'il vaudrait mieux parler « des résiliences » plutôt que de « la résilience » tant les définitions du mot sont nombreuses. Pourtant, c'est le singulier qui s'est imposé. Nous verrons que ce n'est pas par hasard. L'idée qu'il existerait « une » résilience est partie intégrante du succès de ce mot.

Mais commençons par le début, à savoir son histoire. Car les mots ont une histoire, ou plutôt plusieurs selon le point de vue qu'on choisit d'adopter. Nous allons brièvement en proposer une. D'autres seraient sans doute possibles, car les travaux anglo-saxons sur ce thème sont très nombreux. En outre, certains auteurs à l'origine du mot ont changé d'avis en cours de route, comme E. J. Anthony, tandis que d'autres abandonnaient totalement ce champ d'étude après y avoir apporté des contributions essentielles, comme Michael Rutter.

III. – Une préhistoire américaine

L'usage scientifique du mot de « résilience » est apparu aux États-Unis dans le courant des années 1950, mais il avait été précédé par une longue tradition. Il s'est notamment trouvé porté, au XIXe siècle, par les romans d'un écrivain à succès nommé Alger (S. Ionescu, 2006). Dans les ouvrages de cet auteur, le héros – qui est le plus souvent un adolescent orphelin – trace son chemin dans des conditions financières, psychiques et relationnelles difficiles, où il ne peut compter que sur lui-même. Bref, tout y est affaire d'individualisme et de réussite sociale, d'une façon dont le cinéma américain contemporain se fait encore souvent l'écho.

Cette idéologie explique-t-elle la tentation qu'ont eu certains chercheurs de privilégier la résilience individuelle sur la résilience collective, voire d'utiliser le mot pour légitimer la dominance de certaines personnes sur d'autres ? En tout cas, cette confusion a été d'autant plus menaçante que le mot de résilience était emprunté à la physique des solides et désignait à l'origine la propriété d'un corps de reprendre sa forme initiale après avoir subi un choc. Le chemin était donc vite franchi qui amenait à penser que les personnes « résilientes » pouvaient continuer leur route après une expérience traumatisante sans manifester aucun signe de désorganisation, et surmonter ensuite toutes les difficultés ultérieures comme si de rien n'était ! Bien sûr, pour les chercheurs, cette idée est absurde. Mais nous verrons que, curieusement, les écrits de quelques-uns d'entre eux réintroduisent à certains moments cette erreur qu'ils dénoncent pourtant à d'autres.

IV. – **Les pionniers : une épidémiologie des facteurs de protection**

Les premiers travaux scientifiques consacrés à la résilience en faisaient une notion essentiellement descriptive qui se situait dans une perspective de psychopathologie du développement. Ils s'appuyaient sur des enquêtes épidémiologiques et mettaient l'accent sur la « compétence comportementale » et les « stratégies adaptatives ».

La psychologue américaine Emmy Werner est souvent présentée comme la « mère » de la résilience. Dès les années 1955, elle a suivi 698 enfants d'une île voisine de Hawaï, de la naissance à l'âge adulte. Pour chacun d'entre eux, elle a identifié les stress survenus à la période prénatale et périnatale, puis elle a suivi leur développement physique, intellectuel et psychosocial. Elle a ainsi pu montrer que sur 201 enfants présentant de forts facteurs de risques – et qui pouvaient pour cela être identifiés comme « vulnérables » – près d'un tiers d'entre eux (exactement 72) avait évolué favorablement. Ils n'avaient présenté ni troubles de l'apprentissage, ni difficultés d'adaptation, et cela aussi bien dans l'enfance qu'à l'adolescence. Ils pouvaient être décrits comme de jeunes adultes heureux et intégrés. Emmy Werner a utilisé pour les désigner le mot de « résilience ». Elle a, en outre, montré que les facteurs de risque n'ont pas le même impact pour chacun selon le moment de la vie. Ainsi, avant l'âge de 10 ans, les garçons sont plus vulnérables que les filles : confrontés aux mêmes difficultés, ils courent un risque plus grand de développer des troubles physiques et émotionnels pouvant aboutir à des comportements totalement inadaptés. En revanche, après l'âge de 10 ans, ce sont les filles qui courent le plus grand risque de développer une pathologie psychiatrique.

La résilience a une mère, elle a aussi un « père », ou plutôt deux ! Les Américains Michael Rutter et Norman Garmezy, souvent cités au même titre que Emmy Werner.

Michael Rutter a travaillé à identifier, dès les années 1970, les facteurs de protection susceptibles de contrebalancer l'influence des facteurs de risque. Il a réalisé une recherche de plusieurs années portant sur la fréquence des désordres mentaux chez les enfants de l'île de Wight âgés de 10 ans. Cela lui a permis d'identifier six facteurs de risques familiaux : la discorde conjugale, la classe sociale défavorisée, la famille nombreuse, la criminalité paternelle, les désordres psychiatriques maternels et le placement des enfants. Il a montré que la présence d'un seul facteur de risque n'augmente pas la probabilité d'apparition d'un trouble psychiatrique, alors que cette probabilité se trouve multipliée par quatre quand deux facteurs coexistent. En outre, l'existence concomitante de quatre facteurs de risque multiplie par dix le risque d'apparition de troubles psychiatriques. Pourtant, rien n'est automatique ! Il existe en effet, parallèlement à ces facteurs de risque, des « facteurs de protection ».

Plus tard, Michael Rutter a montré que pour être efficaces, ceux-ci doivent associer quatre caractères (1993) : diminuer l'impact du risque ; réduire la probabilité de réactions négatives en chaîne ; renforcer l'estime de soi et le sentiment de sa propre compétence ; et entraîner des opportunités positives.

Enfin, une contribution importante de ce pionnier a été de montrer que la résilience ne se construit pas seulement dans les premières années de la vie, mais qu'elle peut s'apprendre à tout âge. C'est aujourd'hui une notion admise... et largement médiatisée !

Norman Garmezy, quant à lui, a étudié le devenir des enfants grandissant dans une famille où les parents sont schizophrènes. Il a montré que si le fait d'avoir un parent touché par cette maladie augmente le danger de la développer soi-même, 90 % des enfants auxquels il s'était intéressé ont grandi avec un équilibre satisfaisant. En outre, il a cherché à identifier les facteurs susceptibles de protéger ces enfants à haut risque. Ses travaux ont ainsi ouvert la voie à l'identification des mécanismes de la résilience. Pour lui, les facteurs de protection se déclinent en trois classes : ceux qui sont centrés sur l'enfant, ceux qui sont liés à la configuration familiale et enfin les facteurs sociaux environnementaux. Face à un obstacle, un individu évalue la situation et met en œuvre une stratégie d'adaptation organisée à partir de ces trois séries de facteurs.

V. – Le rôle de la personnalité et de l'environnement

Parallèlement aux travaux précédents, Jeanne et Jack Block se sont attachés, dans les années 1950, à définir ce qu'ils ont appelé *Ego-Resiliency*. Il s'agissait pour eux des caractéristiques d'une personnalité qui répondait à quatre composantes principales : la possibilité d'être heureux ; la capacité de s'engager dans un travail productif ; une bonne sécurité émotionnelle ; et enfin la capacité de nouer des relations satisfaisantes avec les autres.

D'autres études (notamment E. E. Werner et R. S. Smith, 1982) ont conduit à des constats proches. Les enfants soumis à des risques précoces, et qui étaient devenus des adultes équilibrés, semblaient présenter certains traits de caractère communs comme le sens de l'autonomie, une estime de soi satisfaisante et une orientation sociale positive.

Cette notion de personnalité évoquait par certains aspects l'ancienne notion de « tempérament ». Il ne s'agissait pas toutefois de changer le mot de « tempérament » en « personnalité » en gardant le même contenu : le « tempérament » est en effet associé à une conception organiciste de la personnalité qui réduit la vie psychique à des paramètres comportementaux, voire génétiques ou biologiques. En revanche, la « personnalité » est définie par une appréciation subjective : la possibilité d'être heureux et satisfait en donnant un sens à sa vie en fait partie, tout comme une perception réaliste de soi et des autres qui permet de s'accepter et d'accepter ses proches.

E. James Anthony, un psychiatre américain, a lui aussi mené, dès les années 1970, des travaux tendant à relativiser l'importance des facteurs de risque par l'étude de ce qui peut les contrebalancer. Ses études ont développé l'idée que la personnalité de chacun joue un rôle essentiel dans la réponse à une même agression. Le succès de ses travaux auprès des professionnels de l'enfance doit certainement beaucoup à la métaphore qu'il a imaginée pour les populariser, celle des « trois poupées ». L'une est en verre, la seconde en acier et la troisième en plastique. Soumises au même coup de marteau, la première se brise irrémédiablement, la seconde ne subit aucun dommage, tandis que la troisième portera une cicatrice à jamais indélébile. De la même façon, pour E. James Anthony, certains enfants présenteraient une « résistance absolue » aux traumatismes.

Comme toute métaphore qui prétend rendre compte d'une réalité complexe, celle-ci était évidemment fausse. Plus tard, James Anthony lui-même l'a critiquée. La même personne peut non seulement se révéler très résistante à certains traumatismes et très vulnérable à d'autres, mais même très diversement vulnérable à un même traumatisme selon les ressources que son environnement lui propose. Mais, comme toute métaphore habile, celle de Anthony avait si fortement frappé les imaginations qu'elle a durablement marqué les esprits... et qu'on continue à en trouver des traces dans certaines publications.

Quant à Julius Segal, il s'est intéressé à ce qu'il a appelé les « racines de la résilience humaine » (1986). Il a proposé une liste de cinq moyens pour cultiver la sienne ou celle de ses proches : développer la communication, prendre des initiatives relationnelles, ne pas céder à la culpabilité, donner du sens aux épreuves qu'on traverse, et enfin nouer des liens avec ceux qui ont vécu des difficultés semblables. Avec son approche, l'environnement était mis au centre des possibilités de résistance aux traumatismes.

VI. – Résilience et qualité de l'attachement

Incontestablement, ce sont les travaux sur l'attachement qui ont apporté la meilleure contribution à la compréhension de la capacité de résister aux traumatismes. Mais pour comprendre leur importance, il nous faut commencer par dire quelques mots de la théorie de l'attachement.

Tout a débuté pendant le *Blitz* de Londres, lorsque John Bowlby, alors jeune psychanalyste, a participé à l'évacuation des enfants de la zone qui subissaient les bombardements aériens allemands. Il a remarqué que ces enfants déplacés présentaient souvent plus tard une froideur dans les relations affectives qui contrastait avec leur bon développement intellectuel. Il a également noté la fréquence et l'importance des séparations qu'ils avaient subies, et a conclu que celles-ci ne leur avaient pas permis d'établir un sentiment de confiance dans l'environnement. Du coup, leur sécurité intérieure en avait pâti et leurs comportements témoignaient de cette insécurité. Or, un peu plus tard, des travaux d'éthologie menés par Harry G. Harlow ont montré que les petits singes privés de leur mère préféraient une « mère en fourrure » substitutive contre laquelle ils pouvaient se blottir – même si elle ne les nourrissait pas – à une « mère biberon » susceptible de les nourrir, mais sans leur procurer de contacts sensoriels. De nombreux travaux ont ensuite confirmé l'importance du premier attachement dans le règne animal et sa fonction dans la construction de ce qui a été appelé la « sécurité psychique de base ». Cette intuition avait déjà été développée par le psychanalyste Imre Hermann dès le début du XXe siècle, mais c'est à Bowlby qu'il revient d'en avoir exploré toutes les conséquences.

Pour Bowlby, donc, les liens d'attachement sont déterminés génétiquement et ne sont pas subordonnés au nourrissage et à la sexualité. Autrement dit, l'attachement est un instinct primaire, chez l'homme comme chez l'animal, et à ce titre, il n'est pas subordonné à la satisfaction des diverses formes de pulsions sexuelles définies par Freud. Le développement psychique consiste alors dans la capacité d'un nouveau-né à pouvoir organiser un mode de relation sécurisant avec un adulte proche. C'est ce mode de relation qui lui permet de s'éloigner progressivement de sa mère et d'explorer le monde en étant certain à tout moment de pouvoir retrouver près d'elle la sécurité et l'affection dont il a besoin. Quand il s'éloigne, l'enfant a en effet besoin que son parent encourage son exploration sans inquiétude excessive. Tout se passe comme si l'enfant disait : « Regarde-moi, aide-moi, réjouis-toi avec moi. » C'est à ce prix que l'enfant peut développer un comportement exploratoire qui ne lui donne pas l'impression d'angoisser son parent en mobilisant chez lui des inquiétudes de perte, d'abandon ou d'accident. Mais l'enfant qui explore a besoin aussi de pouvoir revenir vers son parent à tout moment, afin qu'il le protège, le réconforte, et aussi qu'il l'enchante et lui permette d'organiser les sensations et perceptions nouvelles liées à son exploration.

Ces travaux ont incité à développer l'idée d'une sécurité psychique de base constituée dans la petite enfance qui permettrait de faire face à des traumatismes ultérieurs en augmentant les chances de les surmonter et de s'y adapter.

VII. – Théorie de l'attachement et mentalisation

Les travaux récents des théoriciens de l'attachement ont donné un nouvel essor à cette approche. Alors que pour Bowlby, c'était la qualité de l'attachement qui jouait le rôle essentiel pour la survie du jeune enfant, ces développements récents insistent plutôt sur la sensibilité et la possibilité de donner du sens aux événements de la vie en étant aidé par ses parents et ses proches.

Peter Fonagy tente notamment depuis quelques années de réaliser une synthèse entre les sciences cognitives, la théorie de l'attachement, la génétique et la psychanalyse. Pour lui, l'erreur des généticiens a été de donner une trop grande place à l'environnement physique dans l'expression des gènes. Il pense que c'est le travail psychique de mentalisation – c'est-à-dire la capacité de donner du sens à un événement pour y réagir de façon adaptée – qui est au cœur de l'interaction entre le capital génétique de chacun et son expression (P. Fonagy, G. Gergely, E. L. Jurist, M. Target, 2004).

Il a en effet été prouvé que la qualité des expériences d'attachement n'améliore pas seulement la régulation physiologique et le développement des structures neurologiques, mais qu'elle augmente aussi la capacité de pouvoir interpréter correctement ses émotions et celles des autres. Il en résulte une capacité plus grande à faire face aux traumatismes, tant physiques que psychologiques. En outre, ce processus est en remaniement permanent sous l'effet des expériences nouvelles d'attachement et/ou de mentalisation réussie (N. Guedeney, A. Guedeney, 2002).

Ces travaux sont essentiels, même si le mot de « mentalisation », sans doute choisi par Peter Fonagy pour qu'il soit accepté à la fois par les cognitivistes et les psychanalystes, est à mon avis moins pertinent que celui de « symbolisation » : celui-ci permet en effet de rappeler que, chez l'être humain, toute « mentalisation » est une « opération symbolique » (N. Abraham, M. Torok, 1978) et que celle-ci engage à la fois les mots, les affects, la motricité et les images psychiques (S. Tisseron, 1992, 2005).

Plusieurs études sont venues confirmer les liens existants entre la capacité de résister aux traumatismes et l'attachement. Tout d'abord, celui-ci joue un rôle important comme régulateur dans l'harmonisation émotionnelle entre mère et enfant, notamment en cas de stress. Il est en outre un élément clé de l'équilibre psychosomatique. Les enfants qui ont un attachement sécurisé sont les moins stressés en cas de séparation bien que ce soient eux qui protestent le plus. Les enfants évitants qui ont l'air indifférent montrent en revanche un niveau élevé de stress. Enfin, les enfants qui ont des manifestations de désorganisation sont les plus stressés (G. Spangler, K. E. Grossmann, 1993).

D'autre part, le style d'attachement de l'adulte apparaît capital pour l'établissement d'une alliance thérapeutique et pour l'observance d'un traitement (J. A. Feeney, 2000). Les patients qui ont un attachement sécurisé pensent que les soignants peuvent leur apporter beaucoup et leur font confiance, tandis que, à l'inverse, les patients « insécures » de type craintif se montrent globalement méfiants à l'égard des soignants et n'acceptent de demander de l'aide qu'en situation de très grande détresse.

Sur ce chemin, les auteurs anglo-saxons ont accordé beaucoup d'importance aux *care givers* ou *care takers* – les Canadiens parlent de « mentors » –, expressions traduites en français par « tuteurs de développement » ou « tuteurs de résilience » (B. Cyrulnik, 1999). Il s'agit de personnes qui ne sont pas des professionnels du soin – ils sont éducateurs, pédagogues, ou membres de la famille – mais qui sont susceptibles d'assurer un attachement sécure, de renforcer l'estime de soi d'une personne en situation de fragilité, et de l'aider à donner du sens aux événements nouveaux de sa vie.

Les conditions pour être un bon « tuteur de développement » varient selon les auteurs. Au minimum, c'est la qualité de l'attachement qui est mise en avant, voire l'« amour ». D'autres auteurs insistent sur les processus psychiques mobilisés par cet attachement. Il s'agit de permettre à des personnes fragiles de se créer des représentations d'elles-mêmes et des autres comme capables de penser et de sentir, et qu'elles puissent identifier les représentations et les émotions partagées de celles qui sont personnelles. À terme, ces personnes doivent parvenir à une représentation d'elles-mêmes comme capables de créer des liens et de les interrompre, aussi bien dans un dialogue de soi à soi – dans leur for intérieur – que dans leurs échanges avec autrui.

VIII. – Les modèles de l'aptitude adaptative

Parallèlement à la théorie de l'attachement, un autre modèle de résistance aux traumatismes et de capacité de « rebond » s'est développé autour de l'approche cognitivo-comportementaliste. Les thérapeutes et les théoriciens qui se réclament de ce courant ont commencé à penser le psychisme comme une « boîte noire » dont le contenu serait impossible à connaître. Ils raisonnent donc moins en termes de « traumatisme » qu'en termes de stress ou de situation stressante dont les effets sont mesurables. Ceux-ci sont étudiés à partir de questionnaires d'événements de vie. Leurs études concluent que tout sujet confronté à un stress important a recours à deux stratégies complémentaires : la première consiste à analyser la situation, ses enjeux et ses dangers ; la seconde à interroger les moyens possibles pour gérer la situation (R. S. Lazarus, S. Folkman, 1984). Cette seconde stratégie, à visée adaptative, est désignée sous le nom de *coping*. Les stratégies de *coping* sont au centre de la conception de la résilience développée par les auteurs cognitivistes. Ils distinguent entre un *coping* centré sur le problème et un autre centré sur l'émotion. Le premier est destiné à réduire la source de stress et le second à gérer la détresse émotionnelle associée à la situation. Dans cette approche, la « résilience » est donc définie comme l'aptitude à fonctionner de manière adaptative et à être compétent face aux divers stress de la vie.

Sur ce chemin, James Patterson propose d'étendre l'usage du mot de « résilience » à la capacité de trouver les réponses adaptées à toutes les situations de stress, mêmes mineures, telles qu'un parent confronté à un enfant qui refuse de manger, ou qu'un adulte qui a perdu ses clés de voiture (1995).

Ce choix est contesté, mais il est certain qu'il correspond à l'attente d'une large partie des utilisateurs du mot. L'imaginaire associé au qualificatif « résilient » est aujourd'hui si positif que nous avons tous le désir de nous en gratifier. Alors, si notre capacité à résoudre les difficultés banales de la vie quotidienne en est le signe, pourquoi nous priver de ce plaisir ?

IX. – **Neuropsychologie de la plasticité cérébrale**

Pas une semaine ne se passe aujourd'hui sans que des découvertes nouvelles ne viennent montrer l'extraordinaire plasticité de notre cerveau. L'hippocampe, qui est le siège de la mémoire, augmente rapidement chez les personnes soumises à des exercices intenses de mémorisation, tandis que certaines régions cérébrales sont capables de se substituer à d'autres qui ont été endommagées. Bref, le cerveau est le siège de remaniements permanents qui sont possibles à tout âge, chaque nouvel apprentissage suscitant des corrélations synaptiques nouvelles dans les zones correspondantes. Tout y est sans cesse tourné vers la possibilité d'acquisitions nouvelles et de suppléance. Aucune théorie du fonctionnement psychique ne peut plus ignorer la capacité de tout être humain à faire face de manière créatrice et imprévisible à des situations nouvelles, d'autant plus que ces découvertes sont complétées par les travaux sur les nanotechnologies, appliquées à la santé, qui semblent rendre bientôt possible l'« amélioration des performances humaines »[1]. Bien sûr, tout cela semble bien éloigné des préoccupations des psychologues qui parlent de « résilience », mais l'idéologie qui sous-tend les deux domaines est la même : tout est possible, nous avons chacun des possibilités insoupçonnées, les performances peuvent partout être améliorées, qu'il s'agisse de stress, de vieillissement ou de traumatisme, etc. Le mot de « résilience » se présente parfois explicitement dans cette logique : il serait une manière de tirer les conséquences en sciences humaines de ces découvertes fondamentales[2]. Incontestablement, celles-ci légitiment la nécessité de penser le développement psychique autrement, notamment dans une continuité tournée vers l'avenir et non vers le passé. Mais les auteurs qui parlent de « résilience » y mettent en général bien d'autres choses !

X. – La confrontation avec la psychanalyse

Certains psychanalystes découvrent aujourd'hui avec émerveillement qu'ils ont toujours « fait de la résilience », un peu comme M. Jourdain faisait de la

1. Rapport de la National Science Foundation (NSF), *Converging Technologies for Improving Human Performances,* 2002, disponible sur le Net (cité dans *Le Monde 2,* 29 avril 2005).

2. Comme en témoigne l'utilisation du mot de « résilience » dans le rapport du collectif « Pas de zéro de conduite pour les moins de 3 ans » (voir *infra,* introduction).

prose sans le savoir à chaque fois qu'il parlait. Il est vrai qu'aider quelqu'un à surmonter ses difficultés peut être interprété comme une façon d'accroître sa résilience, et il est donc légitime de dire que les psychanalystes s'en sont toujours préoccupé avec leurs patients.

Mais cela ne doit pas nous faire oublier pour autant que résilience et psychanalyse relèvent de deux paradigmes fondamentalement différents. La première s'inscrit dans une psychologie des comportements mesurables, tandis que la seconde approche la vie psychique dans le cadre d'une relation interhumaine spécialisée – la cure analytique – où le transfert et le contre-transfert jouent un rôle majeur. C'est cette relation qui permet d'approcher les processus de symbolisation que l'être humain opère par rapport à ses expériences à la fois internes, externes et intermédiaires – ces dernières relevant de domaines où la part du soi et celle de l'environnement peuvent difficilement être distinguées.

Les psychanalystes peuvent apporter beaucoup à la compréhension des traumatismes. Par exemple, en approfondissant des notions analytiques déjà anciennes comme la capacité de jouer de Winnicott, les enveloppes psychiques de Didier Anzieu ou les « castrations symboligènes » de Françoise Dolto ; ou bien en proposant une interprétation psychodynamique de notions de psychologie descriptive telles que « tenir les émotions à distance » ou « lâcher prise » ; ou encore en utilisant leur connaissance des défenses tournées vers le monde interne pour mieux les différencier de celles qui sont tournées contre le monde externe.

Pourtant, les noces de la psychanalyse et de la résilience sont semées de quiproquos. L'atteste l'utilisation de quelques mots précisément définis par les psychanalystes et que les partisans de la résilience utilisent différemment.

1. **La sublimation.** – L'évocation de la « sublimation » après un traumatisme est ambiguë. D'un point de vue psychanalytique, le mot ne convient en effet qu'aux représentations sexuelles inacceptables qui, au lieu d'être refoulées, sont détournées vers des tâches qui ne visent pas de façon manifeste un but sexuel, et qui sont socialement valorisées comme, par exemple, la création artistique ou l'investigation intellectuelle. Il est donc *a priori* inadapté pour évoquer l'ensemble des émotions éprouvées après un traumatisme, comme la honte ou la haine, qui n'ont rien de sexuel.

Mais le problème le plus important posé par l'application du mot de « sublimation » aux suites d'un traumatisme est ailleurs. La sublimation est un processus qui concerne des éprouvés qui ont reçu une représentation, c'est-à-dire, pour Freud, une représentation sexuelle. Ce processus remplace la représentation sexuelle initiale par une autre non sexuelle, mais il ne peut se mettre en route que si le sujet s'est donné cette première représentation. Or c'est justement cette représentation initiale qui fait souvent défaut en cas de traumatisme. Les survivants de traumatismes se sont donné des représentations sensorielles, émotionnelles et motrices, mais n'ont souvent ni mots ni images pour évoquer ce qu'ils ont vécu. C'est pourquoi ils sont menacés par des passages à l'actes auto- ou hétéro-agressifs, ou par des conduites d'addiction dont le sens leur échappe.

Le mot de « sublimation », utilisé pour expliquer la résilience, se trouve donc vidé de la signification précise qu'il a en psychanalyse – qui en fait un processus précis obéissant à des règles précises – pour être envisagé uniquement sur le versant de comportements observables. Il devient, selon les mots de Sophie de Mijolla, un « prolongement descriptif comportemental de la notion métapsychologique de sublimation » (2006). Bref, tout comportement *apparemment* adapté et socialement satisfaisant désigné comme « sublimation » par les adeptes de la résilience ne correspond pas forcément à ce que les psychanalystes mettent sous le même mot.

2. **L'identification à l'agresseur.** – Jacques Lecomte dénonce l'usage que les psychanalystes font du concept « d'identification à l'agresseur ». Pour cela, il le définit comme le mécanisme par lequel « le sujet intériorise inconsciemment l'agression de son parent maltraitant et la dirige contre son enfant » (2004). Le problème est que les psychanalystes définissent l'identification à l'agresseur différemment. Pour eux, elle consiste d'abord dans l'intériorisation de la figure d'un agresseur qui se trouve ainsi participer à la construction des instances de la personnalité de la victime, et notamment de son Surmoi. C'est ainsi que Ferenczi la définit dès l'origine. La suite dépend alors des circonstances... Une fois l'agresseur installé à l'intérieur du sujet, trois cas peuvent se présenter : celui-ci peut s'identifier à son agresseur pour s'attaquer lui-même ; il peut s'identifier à la victime qu'il a été en encourageant ses nouveaux interlocuteurs à devenir pour lui

des agresseurs ; enfin, il peut s'identifier à cet agresseur pour agresser d'autres sujets. Cette dernière éventualité, pour spectaculaire qu'elle soit, n'est ni la première dans l'ordre des choses, ni non plus la plus fréquente. D'ailleurs l'expression, introduite par Sándor Ferenczi, a longtemps été utilisée pour expliquer l'existence d'attitudes d'autopersécution. Dans tous les cas, c'est la structure de la relation mise en place qui témoigne du processus d'identification à l'agresseur. C'est ainsi qu'une personne maltraitée par ses parents sera souvent encline, une fois adulte, à mettre en place dans ses relations de couple – ou avec son ou ses enfant(s) – des rapports où l'un est soumis et impuissant alors que l'autre apparaît comme insensible et tyrannique. Mais les rôles s'inversent parfois facilement !

En effet, quiconque a subi des sévices a enfermé à l'intérieur de lui-même l'image de son agresseur, mais aussi celle de lui-même en tant que victime. Il en résulte qu'il peut s'identifier, selon les moments, à l'une ou à l'autre. Les enfants agressés ne deviennent pas forcément des adultes qui agressent leurs propres enfants, et ils peuvent même devenir des parents victimes d'enfants tyran ! Et, s'ils se transforment en agresseurs, c'est souvent poussés par le désir désespéré de faire taire des plaintes qu'ils ne supportent pas car elles leur rappellent celles qu'ils ont poussées quand ils étaient eux-mêmes agressés. Les mères maltraitantes vis-à-vis de leur enfant, et qui ont été elles-mêmes maltraitées dans leur enfance, le racontent souvent. Lorsque leur enfant se met à hurler pour une raison qu'elles ne comprennent pas – ce qui est assez fréquent avec un bébé –, elles s'identifient massivement à l'enfant qui hurle de telle façon que cette souffrance résonne avec la leur d'une manière intolérable. Et c'est alors qu'elles courent le risque de malmener encore plus gravement leur enfant – parfois jusqu'à lui faire perdre connaissance – *pour ne plus l'entendre*.

Enfin, ce corps étranger enfermé au sein de la personnalité peut produire encore un autre effet. Quiconque a été un jour victime court le risque de constituer sa souffrance en raison de vivre. Beaucoup d'anciennes victimes trouvent dans leur douleur passée sans cesse ressassée une intensité de vie que rien ne leur apporte par ailleurs, en même temps qu'une façon de se protéger de la vie en s'en tenant à l'écart. Les psychologues et les psychiatres connaissent tous des patients qui souffrent et ne veulent pas guérir. Mais ils ne sont pas les seuls. Les kinésithérapeutes, les ostéopathes et les rhumatologues y ont aussi souvent affaire ! Ne pas vouloir guérir n'a rien de masochiste. Ce n'est pas une façon de se faire souffrir pour avoir du bien. La réalité est malheureusement plus terne : c'est une manière de s'installer dans une intensité qu'on a un jour connue et d'y faire son nid. C'est ce que Jacques Lacan a justement appelé « jouir de son symptôme ». Le mot de jouissance n'est bien sûr pas à entendre ici comme un plaisir suprême, mais comme une forme d'installation dans le symptôme, au sens qu'on donne au mot lorsque dans un contrat de location, on précise que le locataire s'engage à « jouir du bien en bon père de famille ». Dostoïevski, qui s'y connaissait en âme humaine, a su, mieux que quiconque, évoquer cet excitant de la douleur entretenue dans *Souvenir de la Maison des morts* (1863). La victime fusionne avec sa douleur et en fait une secrète raison de vivre (C. Thomas, 2005). Cela ne l'empêche pas forcément d'avoir une bonne adaptation à la réalité et de réussir sa vie professionnelle et sociale. Seul son entourage proche connaît le prix de ces apparences.

Enfin, certains survivent à un traumatisme en développant le courage de se battre mieux et plus, tandis que d'autres renversent la situation et opèrent une métamorphose absolue de la laideur en beauté. Jean Genet écrit ainsi qu'on n'éprouve que pitié ou mépris pour la brutalité commandée des gardiens et la misère de leur vie ordinaire lorsqu'on a été confronté tout jeune aux horreurs du bagne : « Et qu'était leur pauvre vie à côté de la vie rayonnante des enfants ? » (2002).

On voit que l'identification à l'agresseur est un concept bien plus complexe et riche que la caricature qui en est souvent donnée. Il est vrai que lorsqu'Anna Freud l'a repris (1949), elle a privilégié ce qui amène une ancienne victime à se comporter comme son agresseur passé. Mais il s'agit d'une interprétation restrictive dont il conviendrait de rappeler l'origine à chaque fois qu'il en est fait usage.

3. **L'altruisme.** – Lorsqu'Anna Freud s'est préoccupé de décrire les mécanismes de défense du Moi, elle a été amenée à s'intéresser aussi à l'altruisme. Elle l'a fait en psychanalyste, c'est-à-dire en se souciant des mécanismes psychiques qui sont à l'œuvre dans ce comportement. Pour elle, il s'agissait d'une projection de ses propres désirs sur une autre personne, et elle le

définissait comme une « cession altruiste de ses pulsions » (1949) : celui qui fait preuve d'« altruisme », donne souvent à autrui ce qu'il aimerait qu'on lui donne à lui-même ! À la limite, l'« altruiste » peut vouloir donner à son prochain ce que celui-ci ne désire pas et lui refuser ce qu'il attend ! Anna Freud va très loin sur cette voie en écrivant que l'altruiste peut se transformer en meurtrier pour sauver des personnes qu'il pense aliénées alors que celles-ci ne demandent rien. Nous nous rapprochons, avec une telle définition, du comportement des fanatiques qui tuent des innocents. Cette idée a trouvé récemment son illustration : il y a des personnalités gravement malmenées par des traumatismes qui se reconstruisent en devenant des terroristes.

Mais quand les adeptes de la résilience parlent d'« altruisme », c'est dans des termes bien différents. Il devient sous leur plume la disposition à s'intéresser à autrui et même, pour certains, « ce qui permet de se faire aimer grâce au bonheur qu'on donne », voire de « se faire plaisir en rendant les autres heureux » (B. Cyrulnik, cité par J. Lighezzolo et de C. Tychey, 2004). Cette définition, aussi légitime qu'une autre, ne peut néanmoins pas prétendre se situer dans la continuité d'Anna Freud et de sa définition des mécanismes de défense. Pour celle-ci, rappelons-le encore, l'altruisme ne consistait pas à « donner du bonheur » à qui que ce soit, mais à prétendre abusivement donner à autrui ce qu'on attend pour soi, au risque de provoquer le malheur autour de soi.

Enfin, il arrive que l'engagement « altruiste » corresponde au désir de se faire du mal... avec l'alibi de (croire) faire du bien à autrui ! Quand on a beaucoup souffert, être malheureux est en effet, comme nous l'avons vu, un état souvent jugé « normal », bien plus facile à supporter qu'un bonheur auquel on n'a jamais été habitué (D. Anzieu, 1996). On peut être sincèrement attaché à ce qui nous fait souffrir... justement parce que cela nous fait souffrir, et parce que le malheur aiguillonne l'action bien plus efficacement que le bonheur. S'imposer des tâches impossibles – et notamment des tâches altruistes – peut être un moyen de rester fidèle à une souffrance passée. Cela permet d'éprouver la volupté du malheur librement choisi et console du fait d'avoir été si longtemps malheureux sans rien y pouvoir !

Bref, les traumatisés de la vie qui deviennent « altruistes » – au sens d'un comportement qui se préoccupe du bien d'autrui – ne sont pas forcément animés par « le bonheur de rendre les autres heureux ». Ils sont parfois animés de la « délégation des pulsions » dont nous parle Anna Freud, et d'autres fois, ils cherchent tout simplement à se rendre malheureux en s'imposant des tâches impossibles. Les trois situations sont possibles, et elles coexistent même parfois chez la même personne. L'utilisation du mot de « résilience » nous cache malheureusement cette complexité.

Que conclure de ce bref tour d'horizon ? D'abord, les divergences autour des définitions du mot « résilience » ne sont sans doute pas prêtes d'être aplanies car elles opposent des auteurs dont les références – voire l'idéologie – sont différentes. C'est pourquoi, si l'on veut tenter de penser la résilience autrement que comme un mot à tout faire, le mieux est sans doute de la considérer comme une sorte de grande boîte à outils dans laquelle chacun apporterait les siens. Ce qui importe alors, ce n'est pas que le modèle soit rigoureux, mais qu'il soit opératoire. On peut même renoncer à lui chercher une cohérence d'un auteur à un autre... à condition de toujours comprendre précisément de quoi parle chacun. Ce n'est pas toujours facile, malheureusement, car certains auteurs brouillent les cartes en utilisant le mot pour désigner tantôt un comportement observable, tantôt l'hypothèse du processus psychique sous-jacent et tantôt un trait de personnalité.

Chapitre II

FAMILLE, ÉCOLE ET COMMUNAUTÉS À L'ÉPREUVE DE LA RÉSILIENCE

Certains chercheurs américains sont d'avis que l'ensemble de nos comportements serait sous la dépendance absolue d'un outillage biologique déterminé génétiquement. À la limite, tout serait fixé avant la naissance... en termes de stratégies comportementales tout au moins, puisque l'application de ces stratégies resterait évidemment sous la dépendance des opportunités offertes par l'environnement. Mais cette thèse semble de plus en plus difficile à tenir face aux nombreuses découvertes actuelles qui montrent à quel point notre équipement neuronal est lui-même réactif aux sollicitations de l'environnement. C'est pourquoi les travaux contemporains s'efforcent plutôt de prendre en compte la multiplicité des facteurs de résilience, renouant d'ailleurs en cela avec les traditionnels travaux sur les facteurs de risque.

I. – Les facteurs de résilience

La plupart des chercheurs admettent que la capacité de résilience d'un sujet engage à tout moment des facteurs internes d'ordre génétique, cognitif et comportemental, et des facteurs environnementaux. Il en résulte qu'elle peut varier chez un même sujet selon les moments, l'environnement et les diverses épreuves de la vie. Mais il en résulte aussi que les divers domaines qui constituent l'environnement quotidien de chacun peuvent y contribuer puissamment.

1. **Ressources internes et facteurs de protection exogènes.** – Masten et Coastworth distinguent trois catégories de facteurs de protection (A. S. Masten, J. D. Coastworth, 1998) susceptibles de contribuer à une sécurité suffisante, une bonne qualité d'interrelations et un soutien affectif quoi qu'il arrive.

– *Les ressources internes de l'individu.* Il s'agit du fonctionnement intellectuel (QI élevé, capacité à planifier et à résoudre les problèmes) ; de l'estime de soi (amour de soi, « vision positive », confiance en soi) ; des compétences relationnelles ; d'un tempérament facile associé à un sentiment de sécurité ; de l'existence d'un système de croyance (foi, éthique) ; et enfin de la capacité à utiliser de façon adéquate les mécanismes de défense disponibles (déni, clivage, sublimation, intellectualisation, humour...).

– *Les facteurs de protection familiaux.* Il s'agit de la « bonne éducation » ; de l'existence de relations chaleureuses avec des parents structurants, soutenants et compétents ; de l'existence d'une bonne entente parentale ; de relations de soutien émanant d'autres membres de la famille élargie ; et de relations proches avec des tuteurs de développement.

– *Les facteurs de protection extrafamiliaux liés à la société et à la culture*. Il s'agit des bonnes relations avec des adultes à l'extérieur de la famille (tels qu'amis, pairs, thérapeutes, voisins, et, bien entendu, enseignants) ; de l'existence de rapports avec diverses organisations sociales ; et de la fréquentation d'une école dans laquelle l'enseignement donné est ouvert et chaleureux, avec succès scolaires.

2. **La « pyramide des besoins » de Maslow.** – Le psychologue Abraham Maslow a proposé de classer les besoins humains selon cinq niveaux (1943). Il n'a pas utilisé à l'origine le modèle de la pyramide, mais celui-ci s'est imposé par la suite pour sa commodité. L'idée de Maslow est que nous recherchons à satisfaire chaque besoin – il s'agit, en fait, plutôt d'aspirations – d'un niveau donné avant de penser aux besoins situés au niveau immédiatement supérieur de la pyramide. Le modèle a été largement utilisé en marketing, où il permet de positionner un produit. Il a ensuite été repris par des partisans de la résilience pour systématiser les facteurs de protection.

3. **La « Casita »** (S. Vanistendael, 1996). – Ce modèle invite à visualiser les différentes composantes de la « résilience » sous la forme d'une « petite maison » – d'où son nom, la *Casita*.

Le « sol » est constitué par la satisfaction des besoins fondamentaux – tels que pouvoir manger, se soigner, dormir, et aussi nourrir et protéger ses proches.

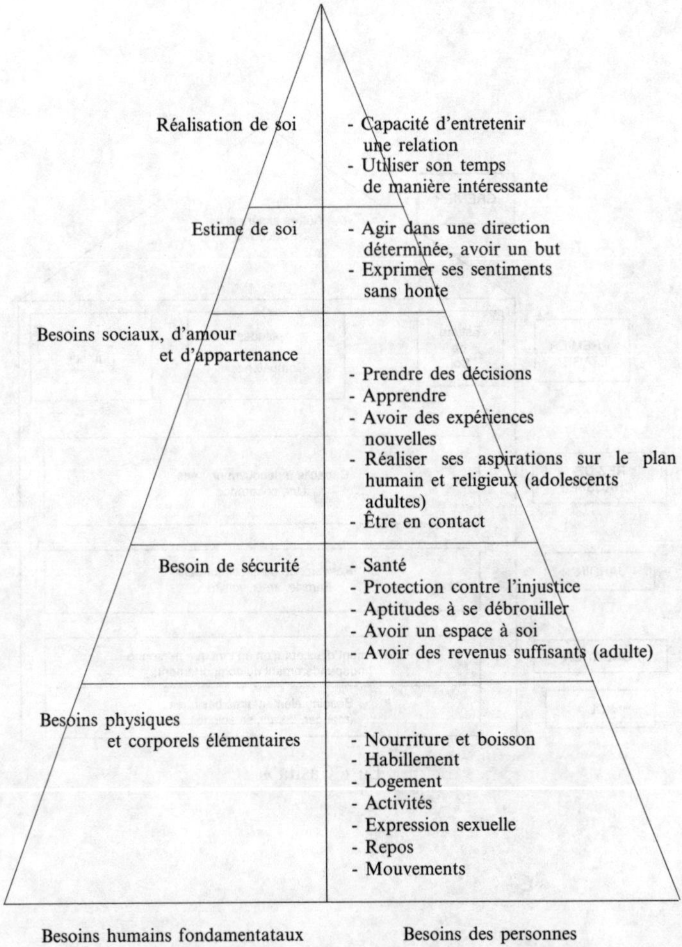

Pyramide de Maslow

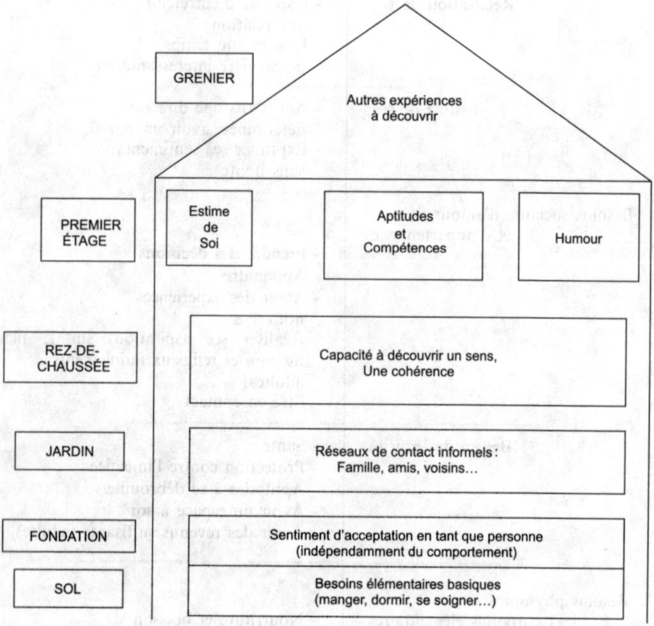
GRENIER
Autres expériences
à découvrir
PREMIER ÉTAGE
Estime de Soi
Aptitudes et Compétences
Humour
REZ-DE-CHAUSSÉE
Capacité à découvrir un sens,
Une cohérence
JARDIN
Réseaux de contact informels :
Famille, amis, voisins…
FONDATION
Sentiment d'acceptation en tant que personne
(indépendamment du comportement)
SOL
Besoins élémentaires basiques
(manger, dormir, se soigner…)

La « Casita »

Les « fondations » consistent dans la confiance en soi acquise dès le plus jeune âge grâce à l'entourage familial. C'est cette confiance en soi qui permet d'établir des liens stables et solides dans la vie ultérieure, en assurant du sentiment de pouvoir être accepté pour ce qu'on est.

Le « jardin » consiste dans les contacts sociaux, établis aussi bien avec la famille élargie que les amis et les voisins. Ce réseau sans cesse modifié renforce le sentiment d'appartenance et l'estime de soi, et les moments de solitude et de rencontres y alternent comme dans un jardin. Mais l'importance pour le sujet de certaines des relations ainsi établies peut leur donner une véritable valeur de « fondation », et cela d'autant plus que l'environnement familial n'avait pas correctement rempli son rôle.

Le « rez-de-chaussée » de la maison proprement dite est constitué par la capacité de construire un sens à sa vie. Si on s'en tient à la métaphore de la maison, ce niveau ne peut s'édifier que si les niveaux sous-jacents – et notamment les « fondations » – ont été correctement construits.

Le « premier étage » consiste dans les diverses formes d'estime de soi liées aux investissements et centres d'intérêt personnels. Il intègre les compétences cognitives, émotionnelles et aussi créatrices. On y trouve notamment l'esprit de planification et la compréhension de soi, ainsi que la capacité d'identifier ses propres émotions, de pouvoir éventuellement les retenir, tout comme celle de pouvoir différer la satisfaction de certains besoins. Quant aux capacités créatrices, les partisans de la résilience y placent au premier plan l'expression artistique – notamment l'écriture[1] – et l'humour. Celui-ci permet en effet de diminuer les tensions intérieures en souriant de ses propres malheurs. Il est une façon de se consoler soi-même, comme une manière de se dire : « Allons, ne t'attriste pas tant, ce n'est pas si grave ! »

Enfin, le « grenier » est plein de toutes les expériences nouvelles que chacun peut vivre à tout âge. La capacité d'entraide en fait partie. Aider les autres est souvent une façon de s'aider soi-même, notamment chez les thérapeutes et les personnes qui ont de forts engagements institutionnels ou associatifs. Mais cela contribue aussi au développement des facultés d'organisation, de maîtrise émotionnelle, d'abstraction et de résolution des conflits.

Remarquons que ce modèle, comme d'ailleurs celui de la pyramide de Maslow, invite à penser les différentes composantes de la résilience selon une hiérarchie, certaines étant censées en précéder d'autres. Ce n'est pas toujours ce qu'on observe, certaines personnes essayant par exemple de compenser des « fondations » défaillantes par la recherche d'un sens à donner à leur vie ou par l'exercice d'une créativité.

II. – La famille

1. Qualités et défauts d'une famille favorisant la résilience. – Norman Garmezy a étudié des familles

1. Il ne suffit malheureusement pas d'être un ancien traumatisé qui se met à écrire pour qu'il s'agisse forcément d'une « écriture de résilience ». Il y a des manières de se raconter qui creusent les plaies et accroissent la douleur jusqu'à envahir tout le sujet comme l'a bien compris Jorge Semprun (1994).

afro-américaines pauvres dont les enfants réussissent pourtant brillamment (1993). Il a distingué neuf qualités de ces familles :

- les contacts fréquents entre l'institution scolaire et les parents, à l'initiative de ceux-ci ;
- le soutien important apporté à l'enfant par certains professeurs ;
- le désir des parents de jouer un rôle majeur dans la scolarité de leur enfant, et le fait que l'enfant partage ce désir ;
- la construction de limites familiales claires, définissant les rôles spécifiques de chacun dans un cadre précis ;
- la rareté des conflits entre les membres de la famille ;
- la participation fréquente des parents aux diverses activités des enfants, et pas seulement aux activités scolaires ;
- l'existence, de la part des deux parents, d'un guidage ferme et cohérent, dans lequel les parents eux-mêmes agissent en application des règles qu'ils ont prescrites pour leurs enfants ;
- l'application d'une « bonne éducation », c'est-à-dire conforme aux normes sociales du milieu où l'enfant est appelé à s'insérer ;
- la capacité des parents à ne pas précipiter l'apprentissage de l'enfant dans les matières intellectuelles.

À l'opposé, Norman Garmezy a distingué huit facteurs familiaux contribuant à l'accroissement des risques de fragilisation d'un enfant : des troubles psychiatriques ou des comportements d'addiction de la part de l'un ou l'autre parent, ou des deux ; le décès d'un ou des deux parents ; la séparation prolongée d'avec la personne qui prend soin de l'enfant au cours des premières années de la vie ; l'absence du père ou de la mère ; une discorde familiale chronique ; l'existence de violences familiales tels que maltraitance physique et/ou psychique, ou inceste ; le divorce des parents et enfin l'existence d'un placement familial.

Pour Norman Garmezy, la contribution d'une famille à la résilience des enfants nécessite donc d'abord une bonne lisibilité des rôles des parents et des enfants : chacun doit être à sa place, le père dans le rôle du père, la mère dans le rôle de la mère, et l'enfant dans le sien. S'il arrive que l'ordre soit bousculé à la suite d'un traumatisme – une séparation familiale par exemple – et que l'enfant prenne en charge la souffrance de l'un des parents, voire des deux, il sera nécessaire de rétablir chaque individu dans sa fonction, par une thérapie familiale notamment.

Cette lisibilité des rôles de chacun nécessite la mise en place explicite de règles soutenues par une discipline. Celle-ci offre le cadre qui a pour but de guider chacun.

Parallèlement, l'ouverture vers l'extérieur est fondamentale : il faut rassurer l'enfant, le pousser à sortir de la maison, à s'inscrire dans des groupes sociaux différents, à rencontrer de nouveaux interlocuteurs qui pourront, le moment venu, et si c'est nécessaire, se montrer bénéfiques pour lui permettre de dépasser un état de grande souffrance.

Enfin, une qualité essentielle d'une famille susceptible d'accompagner et de soutenir la « résilience » de ses membres est sans aucun doute sa capacité d'évoluer et de s'adapter. Mais celle-ci est plus difficile à mesurer...

2. **L'attachement précoce : Mary Ainsworth et la « situation étrange ».** – Parallèlement à ces études portant sur l'influence du mode de vie, familial et social, et des particularités individuelles sur la capacité de réagir à une situation traumatique, les élèves de Bowlby se sont centrés sur un seul facteur : la qualité de l'attachement.

Mary Ainsworth a ainsi démontré le caractère universel des modes d'attachement sécure et insécure, et établi un lien précis entre le style des relations précoces mère-enfant et la sécurité de l'attachement. Pour cela, elle a imaginé une situation expérimentale appliquée à des enfants de 12 à 18 mois, qu'elle a désignée sous le nom de « Situation étrange ». Son dispositif consiste à observer et noter les réactions d'un enfant au cours de séparations et de retrouvailles entre sa mère et lui, ainsi qu'au moment de l'introduction entre eux d'un inconnu. L'étude se déroule en huit épisodes successifs de trois minutes chacun. Passée une brève introduction, on laisse le bébé seul avec sa mère. Puis, dans un troisième temps, une personne inconnue de l'enfant entre dans la pièce, commence à parler avec la mère et tente d'interagir avec l'enfant. En quatrième lieu, la mère quitte la pièce et laisse l'enfant seul avec la personne étrangère. Ensuite, la mère revient, tandis que la personne étrangère sort de la pièce à son tour. La mère part alors à nouveau, tandis que la personne étrangère revient seule (c'est la septième séquence). Enfin, la mère revient et la personne étrangère s'en va.

L'ensemble de la situation est observé derrière un miroir sans tain et enregistré en vidéo. Elle permet de mettre en évidence quatre modes différents d'attachement en fonction de quatre styles de réponse, bien que certains auteurs soulignent que tous les enfants ne peuvent pas être rattachés à ces catégories (E. M. Cummings, 1990).

– *L'attachement sécure autonome*. Certains enfants acceptent la séparation sans manifestation excessive. Ils pleurent, mais se consolent rapidement une fois le parent disparu de leur champ visuel. Ils se montrent capables d'explorer l'environnement de manière autonome en son absence et également de montrer leur satisfaction à son retour.

– *L'attachement insécurisé-détaché*. L'enfant qui témoigne d'une telle forme d'attachement ne manifeste que très peu d'émotions lorsque le parent s'en va et également très peu lorsque le parent revient. Des travaux sur ces enfants ont montré qu'ils sont dans l'impossibilité de manifester leurs sentiments car ils craignent que leurs parents ne leur répondent pas, voire que leurs parents expriment des affects négatifs à leur égard (K. Bartholomew, L. M. Horowitz, 1991). De tels enfants sont donc moins « insensibles » qu'engagés dans une répression massive de leurs émotions. Ils se présentent souvent comme leurs parents, froids et peu disponibles, alors qu'ils ne le sont en réalité pas du tout.

– *L'attachement insécurisé ambivalent*. Une troisième catégorie d'enfants réagit à la « situation étrange » en manifestant une grande ambivalence : de tels enfants peuvent manifester une intense détresse au moment du départ du parent et une quasi-indifférence à son retour. En fait, ces enfants ont terriblement peur d'être abandonnés, mais ils ont aussi intériorisé très tôt le fait que leurs parents les utilisent souvent pour leurs propres besoins : de tels parents sont fréquemment en souffrance narcissique et ont des réactions imprévisibles avec leurs enfants. L'enfant craint le départ de son parent mais, épuisé par les efforts qu'il a fait pour tenter de se passer de lui, il n'est plus disponible pour son retour. Tout se passe comme s'il avait envisagé déjà que ce retour puisse ne pas avoir lieu.

– *L'attachement insécurisé-désorganisé*. Dans ces situations, l'enfant peut réagir de manière brutale et paradoxale aux absences du parent. En fait, ces parents sont souvent des victimes de traumatismes graves précoces non résolus, par exemple des deuils ou des carences éducatives précoces. Ils sont capables d'alterner des comportements contradictoires et inexplicables de telle façon que leurs enfants développent à leur tour des peurs inexpliquées et des inquiétudes paradoxales.

Bien que critiqué quant à ses possibilités d'application, ce test permet de mieux comprendre les interactions de l'attachement. Il permet de faire l'hypothèse que la capacité d'un adulte de résister à un traumatisme serait étroitement corrélé au fait d'avoir bénéficié d'un attachement « sécure autonome » dans sa petite enfance. Cette forme d'attachement, rappelons-le, n'est pas lié à la performance intellectuelle, mais plutôt à un bon développement social et cognitif, et au sentiment d'être bien avec soi-même et avec ses pairs.

3. **L'attachement de l'adulte : Mary Main et l'*Adult Attachment Interview*.** – Beaucoup de psychanalystes se sont à l'origine détournés de la théorie de l'attachement du fait des modèles un peu rigides qu'elle semblait proposer. Mais il est aujourd'hui admis que le style d'attachement peut évoluer tout au long de l'existence, même si certains sujets ont tendance à conserver le même. Les enfants qui ont eu un attachement sécure peuvent notamment glisser vers un attachement insécure lorsqu'ils sont confrontés à des traumatismes répétitifs ou particulièrement graves sur une période prolongée de leur vie (Weifeld *et al.*, 2000, et Lewis *et al.*, 2000). Mais le protocole de la situation étrange est évidemment peu applicable à des adultes pour déterminer leur mode d'attachement. C'est pourquoi Mary Main a imaginé un questionnaire qu'elle a appelé *Adult Attachment Interview,* qui a pour particularité de « débusquer l'inconscient » en surprenant son interlocuteur.

Il s'agit en pratique d'objectiver pour chacun ce que Bowlby appelait les « modèles intériorisés de ses expériences », et que les psychanalystes désignent plutôt comme les imagos de soi et des deux parents que chacun a intériorisées, imagos dont nous restons porteurs notre vie entière, mais qui sont susceptibles d'évoluer sous l'effet d'expériences nouvelles.

L'application de ce questionnaire à un grand nombre de personnes a montré notamment que les adultes qui ont un attachement sécure répondent précisément à chacune des questions sans perdre de vue le but de l'interview. L'interviewer garde un sentiment de cohérence de l'ensemble des propos tenus. Ce mode d'attachement n'est donc pas caractérisé par un certain type d'expérience précoce, mais beaucoup plus par la manière d'en parler. Ce n'est pas parce qu'un adulte raconte des traumatismes graves que l'existence de ces traumatismes prouve qu'il a un attachement défectueux : c'est au contraire sa manière d'avoir élaboré ces traumatismes et de pouvoir en parler avec un recul satisfaisant et des émotions adaptées qui est un indice du caractère sécure de son attachement.

Les adultes ayant un attachement insécure et évitant (ou encore détaché) ont tendance à minimiser l'impact des expériences précoces, en particulier négatives, sur leur fonctionnement actuel. Ils sont également souvent dans l'idéalisation de leurs parents et de leur enfance, mais cette idéalisation est en général contredite par les exemples qu'ils donnent. Par exemple un adulte peut dire que ses parents étaient très gentils avec lui et, invité à donner un exemple, raconter une punition grave qui l'a beaucoup marqué...

Les adultes ayant un attachement insécure et ambivalent font souvent des réponses un peu confuses. Leur ambivalence est si grande qu'ils oublient parfois le but de l'interview et juxtaposent des propos de significations opposées.

Enfin, les adultes ayant un attachement insécure et désorganisé peuvent facilement replonger dans leur passé en se mettant à en parler au présent. Ils font alors ce que Mary Main appelle des « lapsus de raisonnement ». Mary Main justifie cette appellation par le fait que les propos tenus ne sont pas congruents avec la situation évoquée. Les adultes ayant un tel mode d'attachement ne sont pas forcément désorganisés à tout moment dans leurs propos, mais ils le sont lorsqu'ils évoquent un événement dont l'impact traumatique a été particulièrement important.

Ce protocole apporte une contribution indirecte importante à la théorie des facteurs de protection, en permettant d'étudier notamment la façon dont les modes d'attachement peuvent « traverser » les générations. Il s'est en effet avéré que 70 % des enfants ayant un certain type d'attachement le partagent avec leur adulte de référence ! Autrement dit, des parents qui ont un mode d'attachement sécure contribuent fortement à la mise en place d'un mode d'attachement semblable chez leurs enfants. Or, quand on sait que celui-ci est un organisateur puissant de la capacité de résister aux effets des traumatismes, on tient un outil important pour comprendre comment les familles contribuent à la construction de la résilience chez leurs rejetons. On savait depuis longtemps que les parents musiciens ont plus de probabilité d'avoir des enfants musiciens que les autres, et que les parents grands lecteurs ont plus de chance d'avoir des enfants eux-mêmes passionnés du livre. On sait maintenant que les parents « résilients » ont plus de chance d'avoir des enfants « résilients » et que le mode d'attachement joue un rôle majeur dans cette « transmission ».

Probabilité ne veut, bien entendu, pas dire « fatalité » ! Car 30 % des enfants ne partagent pas leur mode d'attachement avec leur parent privilégié, et c'est considérable ! Bref, il est impossible, face au mode d'attachement privilégié par un parent, de savoir lequel sera à coup sûr celui de son enfant. Faut-il dans ce cas parler de liberté ou de déterminismes multiples ? À chacun de répondre à cette question selon ses croyances. Mais finalement ces deux propositions n'en font-elles pas une seule ?

III. – L'école

L'école contribue de plusieurs façons à la construction de la protection psychique.

1. **Les contributions de l'institution scolaire à la résilience.** – Bonnie Benard (Henderson, 1999) a organisé ces contributions selon trois axes : des rapports de proximité harmonieux, un cadre scolaire ayant des attentes élevées, et un sentiment d'utilité lié à l'aide apportée à des camarades.

Un climat de bienveillance favorisant des rapports de proximité. – L'école est pour l'enfant, comme la famille, un espace dans lequel il peut renforcer son estime de lui-même et son sentiment d'appartenir à un groupe. L'enseignant a donc un rôle privilégié pour établir un climat de bienveillance qui implique tous les enfants. Celui qui a vécu un traumatisme ou qui ne bénéficie pas d'un environnement familial satisfaisant trouve dans un tel enseignant un support d'étayage.

Pour nommer ces personnes susceptibles de favoriser l'émergence d'un processus de réparation chez les enfants, les Anglo-Saxons parlent de *care giving* ou *care taking*. Pour jouer ce rôle, un enseignant doit associer plusieurs qualités : savoir écouter ce que dit un élève, sans intervenir ; résumer régulièrement ses propos pour installer la confiance ; et savoir reformuler ce qu'il dit de façon interrogative en utilisant des mots différents.

De hautes attentes scolaires associées à un soutien performant. – Michael Rutter a montré que les établissements scolaires qui exigent des performances élevées de la part de leurs élèves développent chez eux une « attitude résiliente ». Encore faut-il que chaque élève bénéficie d'un soutien adapté proportionnel aux attentes dont il est l'objet. C'est en effet à cette condition seulement que les enfants blessés psychiquement ont des chances de trouver un étayage satisfaisant.

Se sentir utile en s'occupant des autres. – Le troisième élément important consiste dans le sentiment développé par chacun de sa propre utilité. Quel enfant ne cherche pas à se rendre utile, que ce soit dans sa famille ou avec ses proches ? Le rôle que peut jouer l'école dans ce domaine est d'autant plus grand qu'elle propose de nombreuses activités collectives dans lesquelles chaque participant est invité à collaborer avec les autres, qu'il s'agisse de sport, d'art plastique ou de devoirs collectifs.

2. **Ce que la résilience change.** – Une question vient ici à l'esprit : tout cela est-il vraiment nouveau ? La bienveillance prodiguée à chacun et l'intégration des enfants dans des structures participantes font

partie du discours sur l'école depuis les travaux de Célestin Freinet dans la première moitié du XXe siècle, et ils ont été repris par de nombreux pédagogues, depuis Montessori jusqu'à Jankelevitch, pour ne citer qu'eux.

L'idée que l'école doive être un lieu d'exigences élevées semble, il est vrai, plus novatrice. Mais son originalité doit aussitôt être tempérée par le fait qu'elle est associée à la nécessité d'un soutien performant adapté à chaque élève. À défaut de cette condition, les « exigences élevées » conduisent rapidement à un élitisme délétère pour les plus fragiles ou les plus démunis. Or les stratégies permettant ce soutien adapté sont loin d'être claires. Soutien individuel personnalisé, classes particulières, établissements spécialisés ? Malgré diverses tentatives menées ces vingt dernières années, aucune réponse satisfaisante n'a encore été trouvée.

En fait, avec ou sans l'idée de la résilience, les problèmes sont les mêmes : comment faire pour que la violence scolaire ne crée pas un climat d'insécurité permanente, comment concilier la culture de la performance individuelle avec l'esprit d'entraide, ou encore comment assurer à chaque élève la forme de soutien la plus adaptée à ses difficultés ?

Toutefois, avec l'idée de résilience, deux choses changent. Les tâches dévolues aux enseignants, d'abord, et la place des professionnels de santé dans l'institution scolaire, ensuite.

Avec l'idée d'encourager la résilience à l'école, il ne s'agit plus seulement pour les enseignants d'enseigner et d'éduquer, mais de permettre aux enfants dont ils ont la charge de se sentir mieux aimés, plus confiants et de bénéficier d'une meilleure estime d'eux-mêmes susceptibles de les rendre plus résistants aux traumatismes. Les pédagogues sont invités pour cela à se rendre attentifs à l'équilibre psychique des enfants de leurs classes, à les aider à retrouver le chemin de la valorisation de soi, et, afin d'éviter de sombrer dans le désespoir en cas d'échec, ils doivent aussi savoir s'interroger sur les limites de leurs capacités réparatrices. En outre, l'enseignant doit avoir de hautes attentes positives à l'égard de l'enfant... mais toujours en rapport avec ses compétences (autrement dit, ses « hautes attentes » doivent être réalistes...), et l'inciter à participer à des activités de groupes et à se socialiser. La question qui vient est évidemment de savoir si cela ne fait pas beaucoup d'exigences, qui plus est à l'égard d'un corps professionnel – les enseignants – dont la vocation est plus éducative que thérapeutique. Avec ce programme, ils sont en effet invités à réussir avec leurs élèves ce que la plupart des professionnels du soin tentent, parfois sans succès, de faire avec leurs malades...

Nous en arrivons ainsi au second changement provoqué par l'introduction du souci de résilience à l'école. Les diverses tâches des enseignants – aussi bien les plus traditionnelles que leur nouveau rôle – ne sont plus préconisées au nom des valeurs républicaines ou citoyennes, mais au nom de la prévention des troubles mentaux ! Qui va encadrer les enseignants dans cette tâche ? Ce ne peut être évidemment que des personnes formées aux soins. Bref, sous prétexte d'encourager une interactivité « résiliogène » avec leurs élèves, on risque d'inviter les enseignants à se placer sous le regard des professionnels de santé.

Ce n'est pas le moindre des paradoxes de la résilience. Présentée par certains comme une manière de lutter contre le « pouvoir psy » qui ne voyait de remède aux traumatismes que dans la chimiothérapie ou la psychothérapie, la « résilience » place ce même pouvoir au centre de son dispositif !

IV. – La communauté et la culture

La notion de résilience s'articule à celle de communauté de trois façons, au moins : par l'idée qu'il existerait des groupes – voire des sociétés – « résilients » tout comme il existerait des individus supposés tels ; par le fait que les traumatismes qui ébranlent la confiance en l'homme – c'est-à-dire dans la communauté humaine élargie – sont plus graves que ceux qui ne le font pas ; et enfin, par la façon dont toute communauté a pour vocation de soutenir la résilience de ses membres.

1. **Existe-t-il des communautés résilientes ?** – Pour rendre compte de la capacité d'une société de pouvoir surmonter ses difficultés, Édith Grotberg (1995) a proposé d'utiliser le mot de « résilience » au sens de l'aptitude d'un groupe à résister à un traumatisme et à se reconstruire après lui. Le problème d'une telle définition est qu'elle contraint à s'interroger sur les valeurs au service desquelles peut être mise la collectivité. Par exemple, l'armée allemande, entre la bataille de Stalingrad et la reddition du 8 mai 1945, a fait preuve d'une capacité exceptionnelle à résister aux attaques d'armées plus nombreuses, mieux équipées et mieux nourries, dont le moral était en outre alimenté

par la certitude de la victoire finale. Cette armée ne s'est jamais délitée et s'est même reconstituée après chaque défaite pour tenter de connaître une nouvelle victoire. Doit-on dire pour autant qu'elle a été une armée « résiliente » ?

La question de la valeur à accorder aux mécanismes psychiques et relationnels mis en jeu, qui est cruciale pour certains auteurs dans les débats autour de la résilience, trouve ici un terrain encore plus conflictuel... Si le totalitarisme, la terreur et une idéologie inhumaine peuvent rendre une collectivité capable de résister à de terribles traumatismes, peut-on désigner celle-ci comme résiliente ? Et si on décide de ne pas le faire, quelle raison invoquer ?

2. **Des traumatismes qui sapent la confiance en l'homme.** – L'environnement quotidien de chacun est appelé à prolonger pour lui le rôle structurant du premier environnement familial. C'est déjà ce qu'avait montré le psychanalyste Winnicott. La possibilité de trouver des pairs dignes de confiance et de s'appuyer sur eux est un élément majeur de la capacité à résister à des traumatismes. Or, à partir de là, on peut distinguer deux types de traumatismes. Les accidents du travail ou de la vie domestique, ainsi que les catastrophes naturelles, ébranlent gravement la confiance en soi et peuvent s'accompagner d'un véritable effondrement intérieur. Mais ils ne provoquent jamais une perte de confiance dans l'humanité comme le font les génocides.

Les victimes du Rwanda interrogées par Jean Hatzfeld révèlent un désarroi que personne ne peut guérir. Elles ont perdu toute confiance dans l'humanité parce qu'elles se sont senties non seulement trahies par tous ceux qui auraient dû les protéger sur place, mais aussi par la communauté internationale, particulièrement défaillante dans cette circonstance, et enfin par l'idée qu'elles avaient jusque-là de l'être humain. Comment continuer à croire tout ce que la culture transmet alors que cette culture, fondée sur la foi en l'homme, s'est trouvée totalement démentie par ce qu'on a vécu ? C'est pourquoi les intellectuels sont dans ces circonstances les plus vulnérables.

3. **Existe-t-il un usage résilient d'Internet ?** – Pendant longtemps, le rôle de l'environnement s'est confondu avec les relations que chacun entretenait avec ses proches par le biais de relations de voisinage, d'engagement associatif et de partage des mêmes valeurs. Mais depuis quelques années, un élément totalement nouveau a surgi. L'environnement proche de chacun est organisé autant, si ce n'est plus, par des centres d'intérêts partagés via Internet que par un critère de proximité physique. Au désir d'intimité comme valeur motrice du XXe siècle s'est substitué le désir d'extimité (S. Tisseron, 2001) défini comme la volonté de partager ses expériences les plus personnelles avec tous ceux qui ont pu en avoir de semblables, même si aucun lien de contact physique réel ne confrontera jamais à eux. Cette nouvelle situation, qui dépasse largement le cadre des traumatismes vécus, joue pourtant aussi un rôle majeur dans ce domaine. C'est ce qu'ont révélé les attentats qui ont endeuillé trois capitales occidentales entre 2001 et 2005 (J.-F. Fogel, B. Patino, 2005).

Au moment des attentats de New York, le 11 septembre 2001, Internet n'est pas encore à la mesure d'un tel événement planétaire. Tandis que les journaux et la presse audiovisuelle battent des records d'audience et que le gouvernement des États-Unis demande à tous les psychiatres américains une disponibilité téléphonique totale pour les victimes, beaucoup de sites tombent en panne en raison du nombre trop élevé de connexion, et finissent par se contenter de proposer une page avec un article et quelques photos.

En revanche, trois ans plus tard, le 11 mars 2004, au moment des attentats de Madrid, les sites internet battent un record d'audience. Ils sont nombreux à proposer dès le premier jour des cartes, des graphiques, et surtout des *chats* et des forums sur lesquels les Internautes de la planète entière peuvent échanger leurs impressions.

Mais c'est au moment des attentats de Londres, le 7 juillet 2005, que le rôle d'Internet comme nouveau support d'échanges et de soutien mutuel prend toute sa dimension. Ce jour-là, les victimes des attentats et leurs proches ont utilisé les claviers et les caméras de leur téléphone portable pour alimenter un réseau d'entraide et de solidarité sans précédent. Tous les témoins et les personnes bouleversées par cet attentat pouvaient trouver la possibilité d'interagir sur le Net autour du drame qu'ils avaient vécu. La BBC et un site américain (MSNBC.com) ont offert un journal intime en ligne à ceux qui le désiraient afin qu'ils puissent dépasser le témoignage de leur survie et en raconter les suites : parler des soins qu'ils avaient reçus, des réactions de leur entourage, des questions que des journalistes avaient pu leur poser, du trouble qui avait pu en résulter pour eux... La marée de l'expression spontanée a été si forte qu'elle a produit en vingt-quatre heures 20 000 mails, plus de 1 000 photos et 20 vidéos utilisables (J.-F. Fogel, B. Patino, 2005). Comment définir un tel travail de gestion et de résolution collective d'un traumatisme ? Faut-il invoquer que chacune des personnes qui met un mail ou une vidéo sur le Net est engagée dans une sorte d' « Internet de résilience » comme d'autres ont voulu définir une « écriture de résilience » ? L'interactivité est aujourd'hui inséparable de la production de sens, et elle est d'emblée prise dans le collectif.

On peut évidemment transposer ces constatations dans le vocabulaire de la résilience et affirmer qu'Internet y contribue. Mais, plus sérieusement, on peut aussi s'appuyer sur cette évolution pour dénoncer le caractère artificiel de toute tentative de définir une liste des facteurs de résilience !

Chapitre III

LES RECETTES DU SUCCÈS

Pour ses partisans, le formidable succès du mot de « résilience » tient aux espoirs qu'il suscite. Pourtant, il n'a pas toujours été associé à un imaginaire positif, loin s'en faut. En témoigne ce qu'écrivait Tim Jeal il y a trente ans au sujet du célèbre explorateur Livingstone : « Il était intolérant, étroit et arrogant. Il était aussi déterminé, courageux et résilient. Prises ensemble, ces caractéristiques ne le rendaient pas aimable, mais, à considérer le début de sa vie, il eût été étrange qu'il émerge comme un jeune homme poli, aimable et ouvert » (1971). L'enfance du jeune Livingstone a en effet été particulièrement effroyable, et nous ne pouvons douter ni de sa capacité à avoir résisté aux traumatismes qu'il a subis, ni de celle de s'être reconstitué après eux. En revanche, ce « résilient » qui s'était reconstruit en devenant « intolérant, étroit et arrogant » contraste singulièrement avec l'image donnée aujourd'hui de ces personnalités !

La résilience est en effet devenue synonyme de force et de grandeur, à tel point qu'une collection de livres pour enfants place l'accroissement de la résilience de ses lecteurs parmi ses cinq qualités[1] !

1. À côté de quatre autres références : la proximité avec les situations de la réalité, la psychologie, l'humour et l'incitation au dialogue familial (coll. « Max et Lili », Éd. Calligram). De la même

Comment expliquer ce succès ? Les linguistes Lakoff et Johnson (1980) nous donnent un début de réponse. Pour eux, le succès public d'un mot ou d'une expression est toujours un succès d'image. Autrement dit, les mots ou les formules appelés au succès ne sont pas forcément les plus réalistes et les plus logiques, mais ceux qui ont un fort impact émotionnel. Et, pour y parvenir, ils doivent produire l'illusion qu'il suffit de les utiliser pour changer la façon de se percevoir soi-même et de percevoir le monde. Il n'est pas nécessaire d'insister sur le fait que c'est exactement ce que permet le mot de « résilience ». Face aux épreuves qui accablent, invoquer le fait d'y avoir survécu comme la preuve qu'on est « résilient » – avec toutes les valeurs positives attachées à ce mot – est évidemment exaltant. Que cette idée n'ait rien à voir avec ce que les chercheurs mettent sous le mot de « résilience » n'a pas d'importance. C'est de son succès public seul dont nous parlons ici.

Mais comment une idée acquiert-elle un tel pouvoir ? On sait aujourd'hui, grâce à divers travaux menés sous le nom de « médiologie » (R. Debray, 1994, 2000), que cela fait intervenir quatre séries d'ingrédients.

Tout d'abord, l'idée nouvelle doit donner une formulation séduisante et facilement accessible aux préoccupations d'une époque. Ensuite, elle doit

façon, le feuilleton télévisé de l'été 2005 s'inventait des lettres de noblesse en se présentant comme une « illustration de la résilience (Interview de Pascal Fontanille, réalisateur de la série *Trois femmes... un soir d'été,* diffusé en juillet et août 2005 sur France 2, *Télérama,* nº 2899 du 6 au 12 août 2005).

s'adosser à des formes grammaticales susceptibles de lui ouvrir une réceptivité émotionnelle optimale : ces formes grammaticales sont de deux types, les oxymores et les métaphores. Le troisième ingrédient du succès d'une idée consiste dans son idéalisation et dans la création de héros censés à la fois l'incarner et en démontrer la justesse. Enfin, une idée a d'autant plus de chance d'être adoptée par les chercheurs et l'Université qu'elle favorise la mobilité institutionnelle, autrement dit, les désaffiliations et les réaffiliations.

I. – Un carrefour de tendances

Le mot de « résilience » emboîte le pas à quatre tendances lourdes au moins de notre société.

1. **Le souci de la vie humaine.** – La préoccupation de la vie humaine constitue une tendance forte de nos sociétés développées. Il apparaît sous deux formes complémentaires : la sécurité, qui n'est autre que la réduction des risques en amont ; et la résilience, qui consiste dans la réduction des conséquences des traumatismes lorsqu'ils sont survenus. Ces préoccupations ne sont pas seulement présentes en santé publique, mais aussi en géographie des risques. Notons que le mot y recouvre à la fois la capacité de résister à un traumatisme et celle de se reconstruire après lui, tandis qu'en psychologie, certains auteurs le réservent au second de ces deux aspects.

2. **Se définir par ses projets plutôt que par son passé.** – De plus en plus de gens demandent au-

jourd'hui à être définis à partir de leurs expériences et de leurs centres d'intérêt plutôt que par leurs origines ou leur formation. Un aspect de cette attitude consiste dans la déculpabilisation des choix personnels en relation avec des traumatismes. Jacques Lecomte (2004) a raison de rappeler que, trop souvent, les personnes qui désirent s'engager dans une pratique éducative ou thérapeutique en raison d'un traumatisme personnel sont regardées comme suspectes. L'idée de « résilience » s'oppose à cette idéologie néfaste, nous dit-il, et c'est vrai encore. Mais cela ne permet pas aux partisans de la résilience de se réclamer d'une rupture par rapport à des approches théoriques précédentes ! Les idées – qui sont de l'ordre de la théorie – sont nouvelles par rapport aux idées qui leur préexistent, tandis que les pratiques – qui sont de l'ordre des bricolages quotidiens – le sont par rapport à d'autres pratiques. On ne peut certainement pas présenter une *idée* comme nouvelle parce qu'elle s'oppose à certaines *pratiques* qu'on juge – ici avec raison – trop répandues. Aucun travail théorique n'a, de surcroît, jamais avalisé l'idée fausse qu'on serait un mauvais médecin ou un mauvais éducateur si on choisissait son métier en relation avec un traumatisme d'enfance. C'est même le contraire qui a été argumenté par des psychanalystes, notamment au sujet de Bertha Pappenheim, fondatrice du service social allemand et... ancienne patiente de Freud sous le nom d'Anna O. (Y. Papetti, 1986).

3. **S'intéresser au positif plutôt qu'au négatif.** Beaucoup d'entre nous aimeraient être informés, après leur journée de travail, de tout ce qui va bien. Pouvoir

envisager le cours du monde du point de vue de ses aspects positifs nous manque, assurément. Et d'ailleurs, les mouvements dits « de développement personnel », qui ont été les premiers à le comprendre, ont eu le succès qu'on sait.

Un aspect de ce « penser positif » concerne la façon dont on a dépassé ses propres malheurs et dont on pourrait constituer un modèle pour les autres. Beaucoup de gens, aujourd'hui, se prétendent résilients avec plaisir et se proposent avec joie comme des modèles à suivre...

4. **Guérir sans psy.** – Tant que les gens qui souffraient se sentaient coupables d'aller mal, ils acceptaient de s'engager dans des soins parfois longs et coûteux pour aller mieux. Or aujourd'hui, de nombreux travaux et articles de presse mettent l'accent sur le caractère de « victimes » de tous ceux qui ont subi des sévices physiques et sexuels, ou qui ont grandi dans des conditions sociales déplorables. Du coup, tout change ! Une femme victime d'inceste dans son enfance me résumait les choses ainsi : « Tant que je n'avais pas mis en relation mes symptômes avec ce que j'ai subi quand j'étais petite, j'acceptais de payer pour aller mieux. Je pensais que c'était de ma faute. Mais maintenant que j'ai compris d'où ça vient, je trouve ça insupportable ! C'est comme si je devais payer deux fois les fautes des autres ! D'abord avec ma souffrance, et ensuite avec mon argent ! » Cette femme reconnaissait en même temps tout le bénéfice qu'elle tirait de la thérapie qu'elle faisait, mais beaucoup de gens déduisent du même raisonnement l'idée

qu'ils doivent s'en sortir sans psy. Le mot de « résilience », même s'il s'agit là encore d'une erreur d'interprétation, cristallise ce désir.

II. – Une stratégie d'images : les métaphores et les oxymores

Dans *La formation de l'esprit scientifique,* Gaston Bachelard évoquait comment les métaphores contribuent à la fois au succès public d'une idée et à la fin de son usage rigoureux. Bien sûr, l'être humain a besoin de chair autant que de squelette et de métaphores autant que de pensées. Mais il ne faut pas confondre les métaphores que chacun se donne des situations particulières qu'il traverse avec les métaphores généralistes qui prétendent résumer ou vulgariser une idée. Gaston Bachelard a été le premier à dénoncer la confusion dans ce domaine. Les métaphores généralistes, écrivait-il, tuent le pouvoir d'abstraction d'une idée – ce qu'il appelait « sa fine pointe abstraite » – et finissent par prendre totalement sa place.

De leur côté, Lakoff et Johnson (1980) ont montré[1] comment un mot s'implante d'autant mieux dans le public qu'il a le pouvoir de faire image d'une certaine manière de vivre. Mais c'est sans doute le sociologue Bruno Latour (1994) qui est allé le plus loin sur ce chemin en exposant à quelles conditions un énoncé initialement scientifique peut produire un événement social. La capacité du mot à faire image ne suffit pas.

1. Voir *supra,* p. 65.

Il y faut la création d'énoncés particuliers que Bruno Latour appelle « hybrides ». Il s'agit de formules qui prétendent rendre sensible au plus grand nombre une vérité scientifique, mais qui ne constituent pas pour autant une vulgarisation au sens courant du terme. Dans une vulgarisation, en effet, c'est le pouvoir explicatif qui importe. Au contraire, dans ces énoncés hybrides, c'est le pouvoir émotionnel qui est fondamental. Alors que l'auteur qui produit un énoncé explicatif invite le lecteur à regarder ce qu'il lui montre, l'auteur qui produit un énoncé émotionnel inviterait plutôt le lecteur à le regarder dans les yeux. C'est pourquoi ces énoncés hybrides s'accompagnent souvent d'un fort succès personnel de ceux qui les produisent, à l'inverse des énoncés pédagogiques dans lesquels l'auteur est rapidement oublié au profit de la vulgarisation qu'il a souhaité transmettre.

1. **Le pouvoir des oxymores.** – Un oxymore ne propose pas forcément une idée nouvelle, mais il la dramatise toujours. Il y parvient en juxtaposant deux mots dont les charges émotionnelles sont *a priori* opposées. C'est par exemple, dans le christianisme, un Dieu mort sur la croix comme un esclave, ou, dans le marxisme, la « propriété collective ». Dans le domaine politique, le plus célèbre des oxymores est certainement le « Viva la muerte » des fascistes espagnols. Récemment, en France, nous avons entendu parler de « discrimination positive ». C'est un bel oxymore ! Le mot de « discrimination » étant en effet unanimement perçu comme négatif, lui accoler l'adjectif « positif » crée un flottement émotionnel qui suscite une intense curiosité.

Le succès d'un oxymore repose sur le fait de mettre notre esprit en éveil... pour ne pas dire : en appétit. Nous avons envie d'en savoir plus. C'est ce qui lui donne son fort pouvoir de pénétration à la fois dans les esprits et dans les débats publics. L'idée y importe moins que la forme ambiguë et délicieusement séductrice dont elle se pare.

La psychanalyse a eu son oxymore avec « la neutralité bienveillante », et la résilience le sien, avec « un merveilleux malheur ».

2. **Le pouvoir des métaphores.** – Autour de la résilience, quatre métaphores ont été successivement proposées : le métal, le sous-marin, la perle dans l'huître et le tricot. Chacune d'entre elles est porteuse de sa propre mythologie... et de ses quiproquos.

La « résilience » d'un matériau est ce qui lui permet de retrouver sa forme initiale après un choc qui l'a agressé. Cette métaphore a évidemment contribué à l'idée de « personnalités résilientes », c'est-à-dire susceptibles de retrouver leur forme initiale après un traumatisme.

Le sous-marin « résilient » continue sa route quels que soient les obstacles rencontrés (B. Cyrulnik, 2003). Nous sommes ici dans le domaine de ce que les anciens appelaient la *restitutio ad integrum,* autrement dit, la restitution complète. Les promoteurs de la résilience sont aujourd'hui les premiers à critiquer cette conception du mot. Mais la métaphore, une fois proposée, continue seule son chemin. En juin 2005, j'ai été bien étonné de la découvrir filée jusque dans un jeu vidéo[1]. « Le Résilient » y désigne un navire de guerre particulièrement redoutable : mieux armé que les autres et mieux cuirassé, c'est assurément l'adversaire qu'il vaut mieux ne pas affronter dans le jeu ! Les enfants qui jouent à ce jeu – et ils sont nombreux – auront donc une idée de la résilience qui devra peu à celle que ses promoteurs veulent en donner, mais tout à la métaphore qu'ils en auront inconsidérément proposée !

La troisième métaphore est celle de la perle dans l'huître : « Le résilient ne peut pas échapper à l'oxymoron dont la perle de l'huître pourrait être l'emblème : quand un grain de sable pénètre dans une huître et l'agresse au point que, pour s'en défendre, elle doit sécréter la nacre arrondie, cette réaction de défense donne un bijou dur, brillant et précieux » (B. Cyrulnik, 1999). Le résilient « *ne peut pas* échapper »... l'huître « *doit* sécréter »... « un bijou dur, brillant et précieux »... N'est-ce pas comme si la qualité de « résilience » une fois acquise, le « résilient » ne pouvait pas s'empêcher de fabriquer une « perle » à chaque nouveau traumatisme ? Pourtant, le même auteur prend grand soin, dans d'autres textes, de préciser que la résilience n'est jamais définitivement acquise et qu'on peut être résilient dans un domaine sans l'être dans un autre.

La quatrième métaphore proposée pour rendre la résilience attrayante est celle du « tricot », fait d'un brin « psychologique » et d'un brin « social ». Le travail de Lakoff et Johnson permet de comprendre

1. *Pirates,* fabriqué en France par Atari. Comme quoi la confusion ne vient pas toujours des États-Unis !

pourquoi une telle métaphore est appelée à un franc succès. Elle fait image de quelque chose de désirable : nous sommes en effet probablement peu nombreux à désirer être une huître, même si c'est pour fabriquer une perle, alors que nous avons tous envie d'avoir un bon tricot ! Non seulement il nous protège du froid, mais encore nous pouvons l'enlever et le remettre à volonté. Bref, avec la métaphore du tricot, nous voilà engagés à notre insu du côté d'une résilience solide et confortable. Pas une cote de maille rigide et lourde, mais un vêtement léger et agréable à porter. De plus, la résilience ne doit pas être bien « coûteuse » – entendons par là qu'elle ne s'accompagne pas d'un prix à payer élevé – puisque les tricots sont en général bon marché. Contrairement à beaucoup d'autres pièces de vêtement, on peut même se les fabriquer soi-même ! Ajoutons encore que le « tricot » est en général joli et choisi pour plaire aux autres, et nous aurons la clé du succès de cette métaphore selon les règles établies par Lakoff et Johnson. Le problème est que la résilience est tout sauf cela ! Elle n'est pas forcément belle, elle peut coûter cher et elle est surtout bien plus fragile qu'un « tricot » : elle peut se défaire en quelques secondes. La métaphore nous ment, mais ce mensonge est si agréable que nous avons envie d'y croire.

III. – La petite boutique des idéaux

Une théorie se propage d'autant mieux qu'elle s'appuie sur ce que Régis Debray a appelé des « vecteurs d'incarnation » (1994). Les théories qui connaissent le plus grand succès sont celles qui sont proposées par des personnalités qui prétendent être elles-mêmes la preuve de leur justesse. En outre, à côté de ces héros fondateurs, toute théorie a tendance à produire ses héros secondaires. Leur fabrication passe par l'idéalisation. Celle-ci peut être, selon les cas, moralisatrice, esthétisante ou savante. Mais, le plus souvent, elle avance masquée.

1. **L'idéalisation moralisatrice.** – Cette forme d'idéalisation est la plus caricaturale. Elle réserve le qualificatif de « résilient » à ceux qui auraient surmonté un traumatisme d'une façon conforme à la morale. Ainsi, pour Poletti et Dobbs, les « vrais résilients » possèdent par définition « les caractéristiques fondamentales de la résilience qui incluent le respect de soi-même et des autres, ainsi que la compassion ». Quant à ceux qui survivent aux difficultés et aux crises « en entrant dans la délinquance, en se comportant comme des loups envers les autres humains », elles « ne peuvent pas être qualifiées de résilientes » (2001). De la même façon, Viktor Frankl souligne que l'égocentrisme et la recherche du profit, qui sont des attitudes d'intérêt pour soi aux dépens des autres, diminuent les capacités de résilience des humains du futur (2005).

Souvent, cette forme d'idéalisation invoque l'amour. Il n'est pas question de nier que l'affection prodiguée à un être puisse constituer pour lui un puissant facteur de développement. Même un auteur aussi rigoureux que Winnicott évoque son importance dans une conférence radiophonique de 1945 destinée aux familles d'accueil des enfants londoniens évacués pendant les bombardements. Le problème commence lorsqu'on prétend en faire un système. On sait bien qu'il existe des affections étouffantes, qui créent des dettes mortifères. Énoncer, sans autre précision, que « l'amour augmente la résilience », c'est supposer que les deux termes de la proposition sont connus alors qu'ils sont à ce jour aussi énigmatiques l'un que l'autre...

2. **L'idéalisation esthétisante.** – Les résilients seraient « magnifiques », « superbes » (R. Poletti, B. Dobbs, 2001), « positifs », « dignes » (S. Vanistendael, J. Lecomte, 2000), tandis que d'autres auteurs les voient « vivre debout et rester sensibles à la beauté malgré l'enfer de la souffrance » (M. Gray, 1993), et que d'autres encore aperçoivent la beauté logée en eux « jusqu'au plus profond » (M. Delage, 2004). Jacques Lecomte les compare même à des « alchimistes de l'existence qui ont su transformer le métal de la souffrance en or du lien interpersonnel et de la réflexion » (2000).

À la limite, l'idéalisation du « processus de résilience » conduit à faire de l'expérience traumatique une sorte d'épreuve initiatique. Ceux qui auraient traversé un traumatisme, et en seraient sortis « résilients », auraient seuls le droit d'en parler. C'est ainsi qu'on peut lire : « Les meilleurs experts en résilience sont celles et ceux qui en ont fait preuve : même s'ils ne théorisent pas leur expérience, ils savent de quoi ils parlent » (B. Cyrulnik, 2003). On voit pointer derrière cette phrase l'idée selon laquelle ceux qui critiquent l'usage du mot n'ont pas connu la chose.

Là encore, ce n'est pas l'utilisation de qualificatifs élogieux dans un cas particulier qui est gênant. Il est parfaitement justifié de dire d'une personne qui a vécu un traumatisme grave que certaines de ses attitudes, eu égard à ce qu'elle a vécu, sont « belles ». En revanche, décréter que les « résilients » sont « magnifiques » sans autre précision, c'est entrer dans une logique de constitution de « héros », voire de « saints laïques ». En effet, comment croire que ce qui est beau soit mauvais ? Ce peut être pourtant le cas, mais il nous coûte de le penser. La beauté, dans le sens commun, est volontiers associée à une vertu.

L'idée de résilience participe ainsi à la constitution d'une nouvelle forme d'héroïsation, et cela d'autant plus qu'elle rencontre un courant important de notre culture, qu'on pourrait appeler « l'héroïsation de la banalité ». Le moment où s'est révélée cette tendance a indiscutablement été l'émission de téléréalité *Loft Story,* diffusée sur M6 entre mai et juillet 2001 (S. Tisseron, 2001). La France ébahie découvrait que des jeunes oisifs enfermés dans un espace clos pouvaient accéder au statut de héros par le seul fait qu'ils cherchaient à résoudre le mieux possible tous les petits drames quotidiens générés par la promiscuité. Cette héroïsation de la banalité reposait toutefois sur une base trop contestable pour être durable. Depuis, elle s'est entourée de respectabilité. Elle est devenue, pour inverser la formule de Hannah Arendt sur la « banalité du mal », une façon de décréter « la banalité du bien ». Chacun peut être un héros sans que personne ne le sache, comme cette ancienne femme de ménage accidentée du travail présentée dans la presse comme une « héroïne du ménage »[1]. Ce voisin que je croise chaque jour sans même le remarquer, peut-être a-t-il été gravement endommagé par son éducation, voire par un traumatisme indicible ? Peut-être même a-t-il connu une agonie psychique avant de parvenir à renaître, et à se reconstruire une vie apparemment ordinaire sur des lambeaux d'existence ? Là où le christianisme encourageait ses adeptes à voir chez le plus misérable des humains le Christ ressuscité, nous sommes invités aujourd'hui à y reconnaître le héros possible d'une tragédie intime et indicible. Le mythe chrétien de la rédemption n'est pas loin, et l'idée de résilience se glisse bien facilement dans ce moule-là, même si elle n'a pas été pensée à l'origine pour cet usage.

3. **L'idéalisation savante, la « pseudo-résilience ».** – L'idéalisation d'un mot censé représenter le stade supérieur du développement psychique est récurrente en sciences humaines. Bien des caractéristiques attribuées aujourd'hui aux « personnes résilientes » l'étaient dans les années 1980 aux personnes dites « génitales » ou « autonomes ». On se demandait par exemple si la génitalité était un trait de personnalité, un processus jamais achevé, ou encore un processus dont l'achèvement signerait l'accession à la « personnalité génitale », elle-même envisagée comme le plus haut degré du développement psychique. Et l'on se demandait de la même façon s'il existait vraiment des « personnalités autonomes », ou si l'autonomie était

1. *Le Monde,* 24 août 2006.

un processus achevé un jour ou un horizon inatteignable, et si on était autonome dans tous les domaines ou seulement dans certains. Bref, ce n'est pas « la résilience » qui accaparait le devant de la scène il y a vingt ans, mais les débats étaient les mêmes.

Ainsi certains auteurs accordent-ils aujourd'hui, aux résilients sept qualités fondamentales (St. Wolin, Sy. Wolin, 1993) : la capacité d'identifier les problèmes et de chercher des solutions pour soi-même et les autres, l'indépendance et la capacité d'établir des limites, la capacité de choisir des partenaires en bonne santé mentale, l'initiative qui permet de se maîtriser et de maîtriser son environnement en y trouvant du plaisir, la créativité qui permet de trouver refuge dans un monde imaginaire et d'exprimer positivement ses émotions, et enfin l'humour qui permet de déceler le comique au cœur de la tragédie ! Cela fait beaucoup pour un seul homme !

Pour se démarquer des travaux américains qui font de la résilience un simple fait d'observation, des auteurs français ont eu l'idée de parler de « pseudo-résilients ». Ils désignent par là des personnes qui ont apparemment une bonne adaptation sociale, mais qui n'ont pas mis en place les processus psychiques caractéristiques de la résilience dans sa forme complète. Déjà ce mot de « pseudo » n'est pas très heureux. Il évoque l'ersatz, si ce n'est la tromperie pure et simple ! Le risque, avec lui, est de s'engager dans une opposition de « ceux qui y arrivent » par rapport à « ceux qui n'y arrivent pas ». Les « pseudo-résilients », bien sûr, ont souvent un équilibre fragile. Ils sont en quelque sorte construits sur des pilotis. Que les choix sur lesquels ils ont fondé leur adaptation sociale soient menacés et ils risquent de s'effondrer. En revanche, s'ils ont la chance de vivre dans une culture et à une époque où cette remise en cause ne se fait jamais, ils peuvent passer leur vie entière avec une adaptation sociale apparemment satisfaisante. Ne risquons-nous pas, en parlant à leur sujet de « pseudo-résilience », de dévaloriser dangereusement certains sujets qui s'en sortent tant bien que mal avec les moyens dont ils disposent ? Bien sûr, leur « bricolage » ne les assure pas de résister à des traumatismes graves, mais la plupart d'entre eux n'y seront probablement heureusement jamais confrontés. Leur « pseudo-résilience » est bien aussi efficace qu'une « vraie » face aux épreuves qui sont celles de la vie courante.

Bref, cette idéalisation risque de nous empêcher de porter un regard différent sur tous ceux que la vie a blessés dans leur corps ou dans leur esprit et qui ne semblent pas avoir « rebondi » selon les critères sociaux en vigueur. Ils ont le droit d'être reconnus dans leur différence et leur dignité, quelles que soient leurs limites. Si on qualifie de « magnifiques » ceux qui y sont parvenus – pour des raisons qui peuvent être liées à leur environnement bien plus qu'à leurs capacités propres –, que dira-t-on de ceux que les épreuves ont fini par écraser ? Les blâmera-t-on ?

En outre, le problème, avec la « pseudo-résilience », est qu'elle peut avoir toutes les apparences de la vraie... dans la vie publique tout au moins. Seuls les intimes ont souvent le triste privilège de connaître l'autre facette, celle de l'échec des processus adaptatifs, et encore pas toujours, lorsque celui qui fait preuve publique de résilience a une double vie inconnue de ses proches, notamment sous la forme d'une sexualité perverse tenue secrète. Le mot de « résilience », là encore, risque de nous cacher la complexité du monde, et notamment de nous faire oublier qu'il existe, pour chacun d'entre nous, dans notre adaptation plus ou moins réussie aux traumatismes, quelque chose d'intolérable, que nous ne pouvons pas maîtriser, et que nous ne pouvons connaître que par les effets indirects que nous en éprouvons... ou que nos proches éprouvent à notre contact.

4. **L'idéalisation masquée.** – L'un des aspects les plus déroutants des textes sur la résilience est qu'ils tissent parfois en même temps la trame de l'idéalisation avec la chaîne de la désidéalisation. Ces ceux discours n'ont évidemment pas le même statut : la désidéalisation repose sur un discours théorique argumenté, tandis que l'idéalisation se construit à coup de métaphores et d'adjectifs exaltants.

Bien sûr, la plupart des chercheurs qui utilisent le mot de « résilience » le font aujourd'hui – en France tout au moins – en insistant sur le fait qu'il s'agit d'un processus relatif qui n'est ni absolu ni stable : personne n'est « résilient » à toutes les variétés de traumatisme et personne n'est même assuré d'être toujours « résilient » à une forme de traumatisme qu'il a jusque-là surmonté avec succès. Soit. Mais ces mêmes auteurs cultivent eux-mêmes l'ambiguïté en accolant le mot de « résilience » à la fois à des comportements (nous sommes alors dans un registre descriptif), à des personnalités (nous sommes dans un registre explicatif) et à des processus (nous sommes alors également dans un registre explicatif, mais d'une autre nature) (M. Anault, 2006). D'autres auteurs insistent sur le fait qu'il s'agit d'un processus, mais parlent à d'autres moments de « résilients » avec le risque d'accorder à celui qui en est ainsi gratifié un « en plus » (B. Cyrulnik, 2006 ; M. Hanus, 2006). C'est que le mot de « résilience », aussitôt prononcé, a un caractère envahissant. Il correspond au désir qui nous anime tous de passer de la description à l'explication. Le glissement est parfois caricatural, d'autres fois plus subtil[1]. Du même coup, évidemment, il est difficile de critiquer la tendance à parler de personnes supposées « résilientes » puisque les auteurs peuvent toujours argumenter qu'ils disent également le contraire.

IV. – Des vecteurs de mobilité institutionnelle

Dans la mesure où le mot de « résilience », comme nous l'avons vu, a plusieurs entrées, il permet de constituer une sorte de « pot commun » où des partisans d'orientations réputées contradictoires peuvent chacun emprunter des outils sans donner l'impression de s'inspirer d'un modèle incompatible avec le leur. La résilience fait en cela partie des idées qui peuvent non seulement favoriser la mobilité de la pensée, mais aussi la mobilité institutionnelle, d'une école à l'autre, ou d'un groupe à l'autre (B. Latour, 1994), et cela

1. Parmi les exceptions, le remarquable texte de Joëlle Lighezzolo et Claude de Tychey (*in* B. Cyrulnik, M. Hanus, 2006).

contribue évidemment à son succès parmi les professionnels de la santé.

Ces enjeux concernent d'abord les thérapeutes cognitivistes et comportementalistes qui désirent enrichir leur modèle de référence. Ils ont en effet originairement construit leur approche des souffrances psychiques en refusant d'envisager ce qui se passe à l'intérieur de l'esprit, considéré comme une sorte de « boîte noire ». Cette volonté les a notamment conduits à prôner une thérapie des traumatismes obligeant ceux qui les avaient vécus à parler immédiatement de ce qu'ils avaient éprouvé. De la même façon, ils ont tenté de prendre en charge des pathologies du deuil en répétant sans cesse, à la façon d'un disque rayé, que le mort était « bien mort ». Malheureusement, ces protocoles ont souvent eu des conséquences catastrophiques. Beaucoup de patients ont vécu cette forme de « thérapie » comme un nouveau traumatisme qui a rendu parfois leur guérison encore plus difficile.

Ces thérapeutes n'apprécient pas seulement dans la résilience son aspect relationnel « dynamique », « positif », voire « combatif », correspondant à des stratégies d'ajustement qu'ils appellent de *coping*. Ils reconnaissent aussi par son intermédiaire l'existence de « mécanismes de défense » intrapsychiques définis comme des « processus inconscients et automatiques » (S. Vanistendael, J. Lecomte, 2000)[1]. Autrement dit,

1. Qu'un « mécanisme » soit défini comme un « processus », alors que le premier désigne un fait observable, et le second l'hypothèse du fonctionnement sous-jacent, ne semble en effet pas gêner ces auteurs...

pour ces thérapeutes, la résilience développée à partir de la psychologie du développement, puis enrichie par quelques concepts psychanalytiques de base, représente une formidable ouverture.

Certains psychanalystes ont eux aussi des raisons de se tourner vers la résilience. Les écoles de psychanalyse ont en effet peu valorisé la recherche sur les traumatismes (malgré les travaux de Sándor Ferenczi, Donald W. Winnicott ou Nicolas Abraham) ainsi que sur le rôle du Préconscient (malgré les travaux d'Anna Freud, Wilfred Bion et Didier Anzieu). S'intéresser à la résilience permet aujourd'hui à des psychanalystes qui accordent une grande importance à ces approches de masquer leurs divergences avec leurs collègues tout en obtenant une audience du côté de partisans d'autres approches.

À l'opposition traditionnelle entre psychanalyse et thérapies cognitives, le mot de résilience pourrait bien finalement en substituer une nouvelle : entre d'un côté, les thérapeutes qui font une large place aux mécanismes de défense du Moi – c'est-à-dire les psychanalystes centrés sur le Préconscient et le Conscient alliés aux cognitivistes désireux d'éclairer le contenu de la « boîte noire » psychique – et de l'autre, les psychanalystes préoccupés du langage et de l'Inconscient.

Bien que cet enjeu puisse sembler de peu d'importance aux yeux des non-spécialistes, c'est lui qui assure pourtant à la résilience son plus bel avenir. Pendant les années où elle n'a été tirée que par les épidémiologistes, puis par les tenants du développement personnel, ses retombées ont été limitées. Ce qui change aujourd'hui, c'est que des travailleurs du champ médico-psychologique s'y intéressent. Et pour cause ! L'argumentaire des tenants de la résilience a en effet changé du tout au tout. Elle ne prétend plus seulement apporter le bonheur aux personnes en souffrance, mais constituer une porte d'entrée commune pour différents courants réputés jusque-là inconciliables, notamment la psychanalyse, la théorie de l'attachement et le cognitivisme.

L'imprécision du mot, loin d'être un accident, est alors un atout majeur de son succès. Grâce à elle, il semble pouvoir servir de ciment dans un contexte scientifique divisé et conflictuel. Dans la réalité, bien sûr, chacun continue à l'utiliser dans son propre sens. Mais que des partisans du cognitivo-comportementalisme, de la théorie de l'attachement et de la psychanalyse utilisent le même mot lui donne un formidable pouvoir de séduction pour tous ceux qui ne se reconnaissent absolument dans aucune de ces tendances. Il leur permet de s'affilier à un courant – la résilience – qui semble avoir le pouvoir de les fédérer tous. Bref, le mot a non seulement de quoi séduire des thérapeutes cognitivistes dans l'impasse, des systémiciens et des partisans du développement personnel qui veulent se contenter de faire leur marché à l'étalage freudien, et des psychanalystes que leur intérêt pour les traumatismes marginalise. Il a aussi le pouvoir d'attirer les psychologues, psychiatres et travailleurs du champ social qui ne se reconnaissent dans aucun de ces courants, et qui cherchent pourtant désespérément des références !

Chapitre IV

CONSTATATION, EXPLICATION OU PRÉDICTION ?

Voila donc un mot qui a tout pour s'imposer : il colle à l'esprit de notre société, séduit par des métaphores flatteuses, encourage l'idéalisation et sert les bouleversements d'alliance au sein des sciences humaines. Bien entendu, cette logique propre à lui assurer le succès, même si elle est parfois irritante, ne saurait le faire condamner pour autant. En revanche, celui qui veut l'employer a tout intérêt à garder présents à l'esprit cinq dangers au moins qu'il risque de susciter.

1 / Il peut faire sous-estimer la gravité des ricochets que font parfois les traumatismes d'une génération sur l'autre.

2 / Son emploi ignore souvent la grande variété des traumatismes et le rôle de l'environnement non humain dans la (re)construction psychique. Du coup, la compréhension des traumatismes risque de se réduire à des questions de subjectivité et d'intersubjectivité.

3 / Il tend à idéaliser la résolution des traumatismes dans des formes reconnues de création alors que la seule création provoquée par un trauma est le plus souvent un symptôme.

4 / Il brouille la différence entre l'observation, l'explication et la prédiction.

5 / Enfin, sous prétexte d'organiser une prévention ciblée, il risque de justifier la mise en place d'un vaste système de recueil d'informations susceptible de renforcer le contrôle social.

I. – Le risque de sous-estimer les ricochets des traumatismes entre les générations

De tous les problèmes que le mot de résilience contribue à nous cacher, l'un des plus graves est la façon dont des traumatismes apparemment bien gérés à une génération peuvent faire des ricochets sur les suivantes.

Prenons un exemple célèbre et maintenant bien connu, celui du peintre Pablo Picasso. En s'appuyant sur la biographie écrite par Josep Palau i Fabre, la psychanalyste Alice Miller a montré que la petite enfance de l'artiste a été traversée par trois événements particulièrement traumatiques (A. Miller, 1988). D'abord, sa naissance a été si difficile qu'il a été un moment laissé pour mort. Bien loin d'être accueilli dans les bras de sa mère et d'y trouver calme et réconfort, il a été déposé sur une table et abandonné. « Il ne s'éveilla que grâce à la présence d'esprit de son oncle, Salvador, qui était médecin » (Palau i Fabre, cité par Alice Miller, 1988). Le second événement traumatisant correspond à un grave tremblement de terre qui survint quand Pablo avait 3 ans, le 25 décembre 1884, en pleine nuit, entre 21 heures et 23 heures. Toute la famille quitta précipitamment la maison en proie à la terreur. Picasso racontera plus tard à un ami : « Ma mère portait un foulard sur la tête ; je ne l'avais jamais vue ainsi » (*ibid.*). Son père guide sa famille, dans l'obscurité, jusqu'à l'autre bout de la ville, où ils sont hébergés dans un lieu que Pablo ne connaissait pas. Il semble en effet à ce père que cet appartement, dont les fondations sont appuyées sur le rocher, résistera mieux. Le troisième choc survient trois jours plus tard. La mère de Pablo, qui était enceinte, donne naissance à sa petite sœur, qui reçoit le prénom de Lola.

« Le tremblement de terre, l'épouvante de son entourage, la proximité de la mort *et* la naissance de la sœur réveillèrent violemment, chez Picasso, le traumatisme de sa propre venue au monde », écrit justement Alice Miller. « Nous ne pouvons pas savoir exactement ce qui se passait sur la Calle de la Victoria pendant que son père portait le petit Pablo dans cette longue rue, mais nous pouvons bien l'imaginer », écrit-elle encore. « Il est certain que l'enfant vit des chevaux renversés, des visages ravagés, des enfants errant de-ci de-là et qu'il entendit d'épouvantables cris de terreur. » Alice Miller n'a pas de mal pour retrouver dans les œuvres de Picasso la trace de ces traumatismes, dans les visages des femmes en pleurs, dans *Guernica,* et aussi dans les corps nus, déformés, mutilés et tordus que peint Picasso à la fin de sa vie. Quand on rapproche de cette capacité créatrice l'engagement communiste de Picasso – à un moment où le communisme était perçu par la majeure partie des intellectuels comme une force de progrès au service de tous –, on a l'impression que cet homme a manifesté une résilience peu commune : réussite sociale, capacités créatrices et altruisme, sans oublier un humour souvent visible dans son œuvre. Et c'est à ces considérations qu'on aurait pu s'en tenir il y a encore vingt ans. Le problème est que nous savons maintenant que ce « résilient » fut aussi, selon sa petite fille Marina, « un manipulateur, un despote, un destructeur, un vampire » (J. Lecomte, 2004). Cet homme, qui a par ailleurs si bien réussi à donner une forme picturale aux images de ses traumatismes d'enfance, a aussi manifestement pris du plaisir à humilier et rabaisser les proches qui l'aimaient. Face à une telle situation, parler de « reconstruction après un traumatisme » convient parfaitement. En revanche, parler de résilience réussie a-t-il un sens ? Picasso présentait de nombreux traits de personnalité, notamment avec ses femmes successives et ses enfants, qui ne correspondent absolument pas aux séduisants pastels utilisés pour peindre la « résilience ».

Le problème dépasse évidemment le cas du célèbre peintre. L'histoire du XXe siècle est riche en traumatismes qui ont apparemment été surmontés par une génération, mais qui ont fait ricochet sur la suivante. L'Allemagne de la défaite de 1918 s'est par exemple redressée à une vitesse stupéfiante, tout comme celle de la défaite de 1945. Le fait que les grands massacres de ces périodes n'aient pas perturbé plus gravement les survivants et entravé leur « capacité de rebondir » a même pu paraître étrange. On sait aujourd'hui, par les témoignages de leurs enfants, que les hommes, au retour de la Première Guerre mondiale, étaient de véritables « morts vivants » (Ute Scheub, 2006) et qu'ils ont élevé leurs enfants dans un climat de froideur et de violence difficilement imaginables aujourd'hui. Ces hommes avaient une vie publique satisfaisante et efficace, ils avaient des amis et se révélaient performants dans leur travail. Le problème est que la maîtrise émotionnelle et le sens de l'efficacité qui faisaient merveille dans leurs activités publiques se révélaient catastrophiques dans leur vie privée. Ils ont élevé leurs enfants dans une atmosphère familiale si froide que ceux-ci avaient bien peu de chance de développer des sentiments humains. Puis, sans état d'âme, ces survivants de la Première Guerre mondiale ont envoyé leurs enfants faire la Seconde.

Nous voyons à quel point l'appréciation de la « résilience » dépend de la définition qu'on choisit arbitrairement de donner au mot. Si on fait passer en premier l'efficacité sociale, les stratégies d'adaptation et le plaisir pris au travail, la génération des combattants des tranchées s'est révélée « résiliente ». Mais si l'on décide de prendre en compte aussi ce qu'on connaît aujourd'hui de leur vie privée par leurs enfants et leurs petits-enfants, on peut dire qu'elle ne l'a pas été du tout ! Car chacun a non seulement une vie publique, mais aussi une vie privée, et celle-ci peut être le lieu de somatisations, de dépression, de retraits dans des perceptions déréelles, voire de comportements délictueux ou pervers inconnus même des proches.

Il est vrai que, du point de vue de la santé publique, il n'est peut-être pas bon de mettre l'accent sur la manière dont des traumatismes mal gérés à une génération peuvent faire des ricochets à la suivante... Cela pourrait donner des mauvaises idées à la descendance des victimes qui n'ont pas reçu une aide suffisante de leur communauté ! Cette descendance pourrait revendiquer une aide au titre des ricochets du traumatisme en cas de mauvais soins ou d'agressions subis de la part d'un parent mal soigné ! Quoi qu'il en soit, on voit que pour parler de « résilience réussie » chez un individu, ou d'« exemple de résilience », il faudrait connaître non seulement sa vie publique, mais aussi sa vie privée et intime. Et comme personne ne peut y prétendre, le mieux est d'éviter de telles expressions et les erreurs qu'elles induisent, notamment en nous masquant la façon dont les traumatismes peuvent faire des ricochets sur plusieurs générations.

II. – Méconnaître la complexité des interrelations entre un sujet et son environnement

On pourrait croire qu'un niveau de vie satisfaisant permet de « rebondir » plus rapidement après un traumatisme. En fait, les choses sont plus compliquées. Tout d'abord, c'est vrai, après un traumatisme grave, un minimum de confort matériel est nécessaire pour commencer à se reconstruire. Par exemple, pour un Tutsi rescapé du génocide rwandais qui avait perdu toute sa famille, posséder une vache ou un lopin de terre étaient des éléments capitaux dans sa possibilité de surmonter son traumatisme (S. Bellhadad, E. Mujawayo, 2004).

Mais un plus grand confort matériel favorise souvent le retour des monstres du passé. Ainsi, les rescapés d'un génocide qui ont perdu une grande partie de leur famille peuvent vivre, travailler et reconstruire leur vie pendant des années en oubliant à peu près les drames qu'ils avaient vécus. Mais lorsque leur niveau de vie est devenu satisfaisant, qu'ils ont un toit, une famille et un métier – bref, qu'ils semblent « tirés d'affaire » –, il n'est pas rare que des symptômes apparaissent qui renvoient aux traumatismes qu'ils ont subis : cauchemars, angoisses, douleurs corporelles, insomnies, troubles alimentaires... Tout se passe comme si l'être humain parvenait mieux à mettre entre parenthèses les drames qu'il a supportés lorsqu'il est obligé de mobiliser toutes ses énergies dans une lutte pour la vie.

Bref, lorsqu'une personne affectée par un traumatisme grave semble le résoudre dans un pays en voie de reconstruction, rien ne prouve qu'elle le résoudra aussi bien dans le pays reconstruit. Un environnement difficile incite à garder les monstres du passé à l'écart, tandis qu'un environnement plus apaisé leur lâche la bride. Et ce retour est d'autant plus grave que les troubles qui apparaissent dans un second temps ne peuvent souvent plus être mis précisément en relation avec le passé, car celui-ci est devenu un « passé sous silence ». C'est ce qui s'est passé au Cambodge et que nous racontent les films de Rithy Pan[1].

En outre, lorsqu'une personne commence à se reconstruire, elle ne le fait pas seulement en bénéficiant de ce que son environnement lui apporte. Elle le fait aussi en transformant cet environnement d'une manière qui peut rendre celui-ci à son tour plus ou moins capable de résister au traumatisme. Trois cas peuvent alors se présenter :

- le comportement « résilient » du sujet peut laisser inchangé son environnement. C'est par exemple le cas si la personne qui a vécu un traumatisme se reconstruit en privilégiant des activités solitaires et

1. Notamment *Les artistes du théâtre brûlé* (Arte, 2004).

individualistes. Cela ne modifie ni dans un sens ni dans un autre la capacité de son milieu de résister à un éventuel traumatisme ;

- le comportement « résilient » d'un sujet peut constituer un facteur de stress pour son environnement. C'est par exemple le cas s'il développe une attitude persécutoire et agressive vis-à-vis du monde (S. Tisseron, 1992). Il contribue alors à fragiliser son environnement à chaque fois qu'il renforce sa propre capacité à résister à une nouvelle agression ;
- le comportement « résilient » d'un sujet peut accroître les possibilités de son entourage de résister à des traumatismes : c'est le cas s'il se consacre à des tâches altruistes ou, plus simplement, développe ses capacités de symbolisation.

La conséquence en est qu'il vaut mieux se méfier des manières de penser trop axées sur l'individu ou sur son environnement, et privilégier au contraire leurs interactions. La psyché n'est pas dans la tête de chaque individu, comme le postulait Freud, mais elle n'est pas non plus dans son environnement, même si chacun peut parfois déléguer une partie de soi aux objets qui l'entourent (S. Tisseron, 1998). Le XXe siècle nous a montré comment un état mental est étroitement lié au système relationnel qu'un individu peut établir. Le XXIe siècle doit s'appliquer à construire des concepts de l'« entre-deux »[1]. Le mot de

1. Par exemple, pour mettre fin à l'ambiguïté des mots de « transfert » et de « contre-transfert », Maria Torok a proposé le mot de « résonance » (1978). De la même façon, René Kaës a tenté de développer ce qu'il a appelé des « concepts intermédiaires » (1993).

« résilience » risque de nous éloigner de cette exigence. C'est notamment le cas de la proposition de penser la résilience comme une aptitude psychique liée aux modèles intériorisés dans les relations précoces d'attachement, et qui s'interposerait entre le traumatisme et sa gestion. Cette hypothèse ressemble d'ailleurs à une interprétation, revisitée par la théorie de l'attachement, des imagos parentales bienveillantes ou malveillantes réactivées par une situation traumatique dans l'approche strictement psychanalytique de Nicolas Abraham (1978). À ce titre, le problème qu'elle pose est celui d'une dépendance à un modèle qui valorise les interactions précoces, mais sous-estime toutes les autres. La capacité de résister à un traumatisme et/ou de se reconstruire après lui n'est pas une aptitude psychique placée sous la dépendance de l'équipement génétique et du développement précoce. Elle se situe à tout moment au croisement des possibilités psychiques d'un sujet, de leur actualisation à un instant donné (qui est elle-même sous la dépendance de nombreux facteurs) et de ce que lui offre son environnement.

III. – Le risque d'idéaliser la création et de méconnaître la banalité du clivage

Le mot de « résilience » est parfois associé à une manière de dépasser le clivage et d'atteindre ce qui serait une « sublimation ». Ce mot, rappelons-le, avait été proposé par Freud pour désigner la façon dont sont gérés les désirs sexuels soumis à un interdit social : le processus de la sublimation permet de les « désexualiser » et d'en utiliser l'énergie dans des tâches sans contenu sexuel apparent, comme l'enseignement. Rien n'empêche, bien sûr, d'utiliser le même mot de « sublimation » pour désigner la façon de s'accommoder des conséquences d'un traumatisme. Les mots, après tout, vivent et évoluent ! Le problème est que cela risque de nous faire croire que la « sublimation » après un traumatisme serait l'équivalent de la sublimation des désirs sexuels. Or une différence importante les oppose. La sublimation des désirs sexuels est la règle qui fonde la vie sociale civilisée. En revanche, dans le cas des traumatismes, la situation est bien différente : la « sublimation » serait plutôt l'exception, tandis que c'est le clivage qui est la règle.

1. **Le clivage fonctionnel.** – Le clivage qui répond à une expérience traumatique est d'abord fonctionnel (C. Nachin, 1989). La personne confrontée à une expérience inassimilable enferme dans une partie de son psychisme les sensations, les émotions, les états du corps et les fantasmes qui y sont engagés. Ce processus a deux avantages : il protège le sujet dans l'instant et lui permet de revenir sur son expérience plus tard, notamment grâce à un interlocuteur bienveillant et attentif. Malheureusement, plus le traumatisme a été grave et moins il est probable que cet interlocuteur se trouve facilement ! Les rescapés des génocides racontent volontiers que personne n'a voulu – et ne veut souvent encore – les écouter. Ce qu'ils ont à dire est trop dérangeant. Le risque est alors que le clivage s'enkyste d'une façon qui rend illusoire toute tentative de le lever un jour. De fonctionnel, il devient durable.

2. **Vivre avec son clivage.** – Les victimes ont bien souvent envie d'oublier. Annie Franck (2006) évoque la grand-mère juive de l'un de ses patients qui avait réussi à s'enfuir du ghetto de Varsovie, mais qui refusait d'en parler. Un jour, la question lui est directement posée. « Alors, nous dit-il, ma grand-mère se décompose et, blême, défaite, sur un ton de commandement implacable, répond : "Sors immédiatement d'ici." Les bourreaux sont souvent dans une situation similaire. Désavoués par l'histoire, leur pays et souvent la communauté internationale, ils voudraient eux aussi faire en sorte que l'événement ne soit jamais advenu » (J. Amery, 1966). C'est ce que déclare l'ancien tortionnaire nazi du film *Music Box* de Constantin Costa-Gavras en réponse aux questions de sa fille : « Ça m'a pris toute une vie d'essayer d'oublier ce que j'ai vécu, et toi, tu voudrais que je me le rappelle ! »

C'est que les victimes et les bourreaux se protègent contre les traumatismes de la même manière : par le clivage. Cet outil psychique peut être mis aussi bien au service de l'oubli des tortures qu'on a subies que des crimes qu'on a commis. C'est pourquoi parler de « beauté » des résilients est si problématique. On risque de perdre de vue qu'ils utilisent le plus souvent le même mécanisme psychique, qui n'est ni bon ni mauvais en soi, et encore moins beau ou laid.

Bien sûr, le clivage constitue une façon de survivre à un traumatisme plus qu'une manière de se reconstruire après lui. Mais, comme l'ont montré depuis longtemps les psychanalystes pour le travail du deuil, la reconstruction psychique n'est jamais terminée et le clivage jamais totalement levé. La personne gravement traumatisée garde toujours plus ou moins enfoui au fond d'elle-même un corps étranger[1]. Le plus réaliste est certainement d'apprendre aux anciens traumatisés à considérer leur clivage comme quelque chose qui est là et avec lequel ils doivent apprendre à vivre sans trop chercher à y mettre fin. Être capable de l'identifier lorsqu'il se manifeste est déjà une belle performance.

IV. – Le risque de prédire la résilience

Les travaux des pionniers, notamment ceux de Emmy Werner, Norman Garmezy et Michael Rutter, ont eu, redisons-le, l'immense mérite d'attirer l'attention sur l'existence de facteurs susceptibles d'atténuer l'impact des traumatismes. Ils ont ainsi invité les cliniciens à sortir d'un certain pessimisme – pour ceux qui s'y abandonnaient ! – en les invitant à revoir le biais méthodologique qui consistait à ne s'intéresser qu'aux risques et à sous-estimer les possibilités de chacun. Ils ont aussi donné une nouvelle portée à la notion de responsabilité individuelle en invitant chacun à ne pas se considérer comme une victime et à croire à sa capacité de « s'en sortir » – ce qui ne veut pas dire « s'en sortir tout seul », bien au contraire. Car ces mêmes chercheurs ont aussi incité à revaloriser le rôle de l'environnement : personne ne peut rien faire seul et de multiples influences participent à la construction

1. Que Nicolas Abraham et Maria Torok ont désigné sous le nom d'« inclusion au sein du Moi » (1974).

psychique de chacun. Les facteurs génétiques, historiques, familiaux et environnementaux conjuguent ou annulent leurs effets dans des associations toujours mouvantes.

Depuis cette période, certains parmi ces chercheurs, comme Michaël Rutter, ont abandonné ce terrain pour s'intéresser à d'autres. Mais l'esprit de leurs travaux se retrouve aujourd'hui dans les recherches sur la plasticité cérébrale. Eux aussi incitent à penser que rien n'est jamais joué, que chacun a des possibilités considérables ignorées de lui-même qui peuvent lui permettre de se reconstruire après un traumatisme, mais aussi que chacun a besoin d'être aidé pour les réaliser.

Le problème est qu'une fois cerné le rôle des ressources – ou, si l'on préfère, la « résilience » comme fait d'observation une fois admise –, la signification du mot a changé. De « capacité à résister aux traumatismes et de se reconstruire après lui », le terme a prétendu expliquer cette faculté, voire l'anticiper.

La résilience comme constatation produisait des énoncés du genre : « Telle personne a manifesté des capacités de résilience après le traumatisme qu'elle a subi. » La résilience comme explication en a produit d'autres comme : « Ce sont les capacités de résilience de cette personne qui lui ont permis de rebondir dans cette situation. » Enfin, la résilience comme prédiction s'entend dans des énoncés comme : « Cette personne est manifestement résiliente, et en cas de traumatisme, elle s'en sortira. » Mais, dans les trois cas, ce n'est pas du tout la même chose. En réalité, il est toujours difficile de juger de la qualité de la reconstruction après un traumatisme, toujours hasardeux de présenter ce qu'on observe comme une explication causale, et toujours impossible de préjuger de cette capacité dans l'avenir ! Mais revenons aux écrits sur la résilience.

En 2001, un groupe de travail réuni dans le cadre de la Fondation de l'enfance[1] a défini la résilience comme « la capacité d'une personne, d'un groupe, de bien se développer, de continuer à se projeter dans l'avenir en présence d'événements déstabilisateurs, de traumatismes sérieux, graves, de conditions de vie difficiles ». Cette définition laisse malheureusement en question un point essentiel : est-ce un jugement *a posteriori* ou *a priori* ? Autrement dit, le mot de résilience doit-il être réservé à l'observation de la capacité que présente une personne ou un groupe de « bien » se développer malgré des traumatismes ? Ou bien peut-il être attribué de façon prédictive à des personnes ou à des groupes dont on imagine – sur des critères qui restent à définir – qu'ils résisteront à des événements déstabilisateurs, un peu comme on parle de coefficient de résilience pour certains matériaux disponibles dans le commerce ?

Il aurait été facile aux auteurs de cette définition de trancher. S'ils pensaient que la résilience est un fait qu'on peut constater après un traumatisme, ils auraient dû écrire : « ... la capacité dont font preuve, après un traumatisme, une personne, un groupe, de bien se développer, etc. » Et si ces auteurs pensaient que la résilience peut être prévue avant que le traumatisme ne survienne, ils auraient dû écrire : « ... la capacité qu'on peut prédire à une personne, un groupe, de

1. Constitué notamment par Boris Cyrulnik, Jacques Lecomte, Michel Manciaux, Stanislas Tomkiewicz, Stefan Vanistendael.

bien se développer, etc. » Dans les deux cas, les problèmes soulevés sont bien différents. En effet, si l'on adopte la première des deux définitions possibles – le jugement de résilience *a posteriori* – la difficulté principale est de se mettre d'accord sur les critères d'un « bon » développement : s'agit-il de critères comportementaux ou de processus psychiques particuliers mis en jeu ? Et si on adopte la seconde de ces deux définitions – dans laquelle la capacité de résilience est prédite à une personne ou à un groupe avant la survenue d'un traumatisme –, la définition des critères est évidemment différente. Ce flou a produit deux quiproquos.

Le premier de ces quiproquos a été de confondre une constatation – qui laisse ouverte la question des facteurs qui y ont contribué – avec une explication. Le second a été de glisser de l'explication à la prédiction, comme s'il était possible d'accorder à certaines personnes une « capacité de résilience » avant même qu'elle soit mise à l'épreuve. C'est cette logique qu'on voit à l'œuvre dans des travaux actuels pour mettre au point des « tests de résilience » permettant d'anticiper les capacités de résilience d'un sujet. Or, répétons-le : déclarer de quelqu'un qui s'est apparemment dégagé des effets d'un traumatisme qu'il est « résilient » relève d'une hypothèse hasardeuse parce que son environnement a pu jouer un rôle majeur ; et déclarer de quelqu'un qu'il est « résilient » et saura réagir de façon adaptée et créative aux effets d'un traumatisme éventuel relève de la pure spéculation.

Le fait que le même mot de « résilience » puisse être pris dans ces trois significations différentes est évidemment une source de confusions sans fin. Le contexte nous vient parfois en aide. Celui qui parle de « conduites résilientes » a plus de chance de se situer dans une logique post-traumatique : la capacité de résister à un traumatisme est seulement constatée sans autre explication ou jugement de valeur. Celui qui parle de « processus de résilience » peut se situer dans une logique post-traumatique, mais aussi prétraumatique, si l'on considère que le processus qui permettrait de se protéger contre les effets d'un traumatisme a débuté avant ce traumatisme. Mais celui qui parle de « résilience » sans autre précision a toutes les chances de nourrir la confusion du lecteur en le laissant croire que la résilience pourrait se prévoir. À la limite, celle-ci est invoquée pour expliquer la capacité de surmonter les effets d'un traumatisme un peu comme on invoquait au XIXe siècle la « tempérance » pour expliquer qu'un alcoolique résiste aux tentations de l'alcool !

V. – Les dangers de la prévention prédictive : les tests de résilience

Lorsque le psychiatre Lucien Bonnafé voulait faire de la prévention psychiatrique dans le département de l'Essonne au début des années 1960, il se heurtait à une énorme résistance des pouvoirs publics : ce n'était pas du soin et il n'était donc pas question de financer de telles activités, que les autorités de tutelle ne voyaient d'ailleurs pas comment codifier. Pour exemple, si Lucien Bonnafé estimait qu'un soutien scolaire pouvait permettre à un enfant de parents alcooliques d'accroître ses chances de ne pas devenir alcoolique lui-même, personne ne voulait l'entendre. Et s'il disait qu'une fillette dont les parents étaient atteints de troubles maniaco-dépressifs devait être aidée à faire de la danse comme elle le demandait, on le prenait au mieux pour un illuminé, et au pire pour un fou. L'idéologie d'une prévention qui englobe tous les domaines de la vie sociale existait, mais il lui manquait un outil. La résilience la lui a fourni.

D'une certaine façon, c'est une bonne chose. Jusqu'à maintenant, si on voulait par exemple faire de la photographie dans une institution soignante, on n'avait aucun moyen de le faire accepter par les autorités de tutelle. Bientôt, on pourra décréter que cette activité augmente la résilience des usagers, et ainsi la pratiquer. Mais cela n'est pas sans contrepartie et le remède risque de se révéler pire que le mal ! Car l'idée de résilience appelle qu'on en fasse la preuve. Et c'est là que les « tests de résilience » sont appelés à jouer un rôle considérable. De ce point de vue, la « résilience » est promise à un avenir considérable. Les travaux menés en son nom fourniront en effet aux compagnies d'assurances et aux divers organismes de prévention les critères qui leur faisaient jusque-là défaut pour savoir qui et comment aider. La « résilience » constitue un formidable enjeu pour les pouvoirs publics, même s'ils n'en ont pas encore toujours pris conscience...

1. **Les critères de « résilience ».** – Ceux qui s'engagent dans ces tests sont confrontés à trois séries de questions (J. Lighezzolo, C. De Tychey, 2004).

1 / Est-il préférable de privilégier des critères descriptifs de résilience ou bien de se livrer à une appré-

ciation globale du fonctionnement psychique ? Dans le premier cas, on prendra en compte des critères comme la socialisation harmonieuse, l'accès à la parentalité et une vie de couple satisfaisante – mais encore faudra-t-il tenir compte de l'âge et de la nature des traumatismes subis – au risque de privilégier la « pseudo-résilience ». Dans le second cas, on court le risque que chaque école thérapeutique fabrique sa propre grille d'évaluation. Le mieux, évidemment, serait de pouvoir prendre en compte ces deux évaluations en même temps. Mais comment les croiser et les concilier ?

2 / Qui doit effectuer l'appréciation : est-ce le sujet lui-même à travers une grille d'auto-évaluation, un clinicien indépendant, ou encore les proches, conjoints et enfants notamment – qui connaissent souvent mieux le sujet qu'il ne se connaît lui-même ? Là encore, bien entendu, la meilleure réponse est de dire que les trois sont nécessaires. Mais selon quels critères comparer et croiser les résultats obtenus, et en faire une synthèse satisfaisante ?

3 / Une fois admis que personne n'est résilient pour tout, faut-il tenir compte des risques potentiels que le sujet peut rencontrer ? Luthar (2000) suggère ainsi d'ajuster les critères de résilience au risque du sujet de rencontrer un événement défavorable. Pour cela, il choisit de prendre en compte la violence de l'événement externe plutôt que son impact subjectif. Par exemple, lorsqu'un enfant présente le risque de développer un trouble de l'humeur parce que ses deux parents présentent une pathologie maniaco-dépressive, ce sont l'autorégulation émotionnelle et l'évitement des problèmes psychiatriques qui devront

être les critères majeurs de résilience. Par ailleurs, il propose d'ajuster les critères de résilience au degré de toxicité de l'environnement. Par exemple, un niveau d'adaptation proche de la moyenne serait suffisant pour parler de « résilience » à partir du moment où l'environnement pourrait être considéré comme stressant de façon sévère ou catastrophique, selon les critères diagnostics américains du DSM-IV. En revanche, quand les risques seraient modérés, on ne pourrait parler de résilience qu'en face d'une réussite scolaire ou professionnelle importante. Le problème est que, dans une telle situation, d'autres auteurs refusent de parler de résilience pour réserver ce mot aux contextes traumatiques réels, voire, pour d'autres, très graves !

2. **Le risque d'un contrôle social renforcé.** – Voilà pour le débat « technique ». Mais il en laisse un autre en suspens, qu'on pourrait qualifier d'éthique, ou, si on préfère, de politique. D'abord, en faisant de la satisfaction des besoins alimentaires et sanitaires de base une contribution à la construction et au maintien de la résilience, le danger n'est pas que les décideurs se détournent du social en invoquant les fragilités individuelles, mais plutôt qu'on s'occupe du social pour des raisons de psychologie et plus de justice. Mais il y a plus grave. Attirer l'attention sur l'existence de facteurs de protection comme l'on fait les épidémiologistes est une chose, vouloir les repérer de façon prédictive pour chaque individu supposé « à risque » et imaginer des batteries de tests pour y parvenir en est une autre. Le mot, né dans le domaine de la prévention psychosociale, nourrit ainsi chez certains scienti-

fiques le projet de repenser l'ensemble des mesures de santé publique à la lumière de tests personnalisés qui tiendraient compte non seulement des facteurs collectifs – aussi bien dans le domaine de la protection que du risque –, mais aussi de facteurs individuels – comme une personnalité particulière ou un parent ayant des capacités élevées de symbolisation. Ce risque est d'autant plus grand que nous sommes dans une société qui tend fâcheusement à confondre la santé des individus avec celle de la société, comme le montre un rapport publié en 2003 par l'Académie nationale de médecine[1]. Le soin n'y est pas défini comme une façon d'assurer « l'état de bien-être physique et psychique » dont parle l'OMS, mais comme la condition pour « espérer (une) baisse de la violence » et une « diminution des comportements à risque ». Autrement dit, on passe d'une définition du soin centrée sur la santé des personnes à une autre centrée sur ce qu'on suppose être la santé de la société. Et pour prévenir mieux et plus tôt, l'Académie propose d'organiser un vaste dépistage des troubles précoces aboutissant à des résultats codifiés qui, précise-t-elle, ne devraient pas être détruits à l'âge de 6 ans comme le préconise la Commission nationale informatique et libertés (CNIL), mais suivre chacun toute sa vie.

Bien sûr, l'idéologie de contrôle social qui se développe aujourd'hui sous prétexte de prévention sociale n'a pas besoin du mot de « résilience ». Mais il est indéniable que celui-ci favorise une présentation accep-

1. « Sur la santé mentale de l'enfant de la maternelle à la fin de l'école élémentaire », juin 2003.

table des projets sécuritaires. Demander aux enseignants de s'associer au dépistage des troubles précoces pour réduire les risques de violence sociale est une chose ; le faire sous prétexte de permettre à des enfants de bénéficier d'un soutien pour accroître leurs défenses en est une autre autrement plus séduisante ! Et pourtant, dans les deux cas, le risque est bel et bien le même, celui d'attenter aux libertés individuelles sous prétexte de créer une société supposée parfaite, c'est-à-dire sans dépression, ni délinquance ni toxicodépendances.

C'est ainsi que l'idée de résilience qui se veut généreuse (« tout le monde peut s'en sortir », etc.) risque de nourrir et de justifier des entreprises qui se situent exactement à l'opposé. Ce ne serait pas la première fois dans l'histoire... C'est pourquoi nous serions bien inspirés, à chaque fois que nous entendons prononcer ce mot, de poser la question : de quelle résilience parlez-vous, de celle des épidémiologistes, des cognitivistes, des psychanalystes ou des... moralistes ? Et parlez-vous de celle qu'on peut observer après un traumatisme, ou de celle qu'on pourrait diagnostiquer avant ? La résilience est une sorte de test de personnalité : « Dis-moi de quelle résilience tu parles et je te dirai qui tu es. » Elle est aussi un excellent test d'orientation politique...

CONCLUSION

Les travaux épidémiologiques menés par les pionniers de la résilience, tout comme aujourd'hui ceux sur la plasticité cérébrale, sont d'une importance majeure. Nous sommes invités à ne pas considérer uniquement les symptômes et les faiblesses des individus et des familles, mais aussi leurs ressources, afin d'anticiper et d'accompagner leur engagement vers des solutions créatives. Le problème est que, compte tenu des multiples significations du mot, dire de quelqu'un qui se reconstruit après un traumatisme qu'il est « un exemple de résilience » est à peu près aussi riche en informations que de dire de quelqu'un qui possède une voiture qu'il est « un automobiliste » ! De quel genre de voiture s'agit-il, de quelle taille, et pour quel usage, professionnel ou privé ?

Antoine Guedeney a une belle formule pour résumer cette situation, il dit que la résilience est un « accent » (2006). Un « accent » qui n'est pas inutile, loin de là, puisqu'il permet à des cliniciens découragés de ne pas désespérer, à des amis et des voisins de venir en aide à leur proche même si cela leur semble perdu d'avance, et à des gouvernants de faire des efforts en faveur des plus déshérités en croyant que ça sert à quelque chose.

Mais un accent n'est pas un concept, et le grand public a traduit dans son langage ce flottement des spécialistes : la résilience est devenue un mot merveilleux qui veut à la fois tout dire et rien dire, et dans lequel chacun peut mettre ce qu'il veut !

I. – Trois questions pour un seul mot

Revenons aux débats qui traversent aujourd'hui les chercheurs qui ont adopté ce mot. Trois questions sont souvent mises en avant. La résilience désigne-t-elle la capacité de « rebondir » aussitôt après un traumatisme, même mineur, ou celle de se reconstruire après un traumatisme grave ? Existe-t-il un éventuel « prix à payer » de la « résilience » ? Enfin, doit-on accorder le bénéfice de la résilience aux pervers ?

1. **Rebonds ou reconstruction ?** – Nous avons vu que la résilience n'est pas une façon de résister aux traumatismes, mais de réagir après eux. Certains travaux américains proposent d'utiliser le mot à chaque fois qu'une difficulté est surmontée, même s'il s'agit d'une simple contrariété (J. Patterson, 1995). Par exemple, si vous ne paniquez pas après avoir égaré vos clefs de voiture et faites preuve de comportements adaptés, vous êtes déclaré « résilient ». À l'inverse, d'autres chercheurs proposent de réserver le mot à la capacité de se reconstruire après un traumatisme grave, lorsqu'il y a eu menace d'effondrement psychique (B. Cyrulnik, 1999).

En fait, le débat oppose moins deux conceptions du mot que deux formes de pratiques. Ceux qui sont cliniciens ont toutes les raisons de vouloir réserver le mot aux situations extrêmes dont ils ont à s'occuper, tandis que ceux qui ne le sont pas ne voient pas pourquoi la capacité de résister aux traumatismes ne les impliqueraient pas tous, les petits comme les grands. En tant que clinicien, c'est évidemment la première de ces deux options qui me séduit. Mais ce choix pose plus de problème qu'il n'en résout. La difficulté est bien sûr de savoir qui fixera le critère de « traumatisme grave », voire de « mort psychique » permettant de parler de résilience, surtout lorsque la personne traumatisée a justement dépassé son traumatisme ! Sans compter qu'une personne peut vivre comme un risque de mort un événement traumatique qu'une autre ne vivra pas de la même façon. Bref, tout risque de devenir affaire d'appréciation subjective, avec le danger de vider le mot de tout sens partagé.

2. **Y a-t-il un « prix à payer » pour la résilience ?** – La réponse à cette question dépend évidemment de celle que nous avons apportée à la précédente. Si on décide que la résilience ne concerne que les traumatismes gravissimes, on est enclin à répondre qu'il y a en effet un prix à payer pour la construire. La personne soumise à un traumatisme grave se confectionnerait une sorte « d'armure », ou encore « de carapace », même si ce n'est pas le seul mécanisme de défense qu'elle utiliserait. Le risque serait alors que cette armure, qui a pu représenter une réaction adaptée au traumatisme, finisse par constituer un handicap dans d'autres situations de la vie parce que le sujet traumatisé ne parviendrait plus à s'en défaire. Si, en revanche, on choisit de considérer la résilience comme la

capacité de faire face de manière positive à des traumatismes mineurs, on ne voit pas pourquoi il y aurait un quelconque prix à payer.

Le fait que le mot de « résilience » puisse avoir des significations si différentes est évidemment la source d'autres quiproquos. Par exemple, si un psychanalyste écrit sur la résilience, son travail a toutes les chances de concerner la prise en charge de personnes ayant vécu des situations traumatiques. En revanche, si un enseignant traite du thème « école et résilience », il est probable que le mot est à prendre au sens d'un renforcement des capacités de résistance aux stress de la vie chez tous les enfants, notamment par la construction d'une estime d'eux-mêmes réaliste et le sens de l'entraide. Enfin, si un auteur aborde la question « société et résilience », le mot sera pris encore dans un troisième sens : il s'agira bien de traumatismes, mais seuls seront pris en compte les plus graves qui risquent de déséquilibrer une société. Bref, le même mot utilisé par trois interlocuteurs intéressés chacun par un domaine différent prendra forcément trois significations différentes.

3. **Les pervers sont-ils résilients ?** – James Anthony et Michaël Rutter ont initialement défini la résilience comme la « résistance aux chocs et la capacité à se développer normalement en dépit des circonstances adverses ». Puis d'autres auteurs ont déclaré ne pas se satisfaire de cette définition. C'est le cas de Boris Cyrulnik qui écrit (2006) : « ... nous n'avons pas aimé cette définition. Un pervers, lui aussi, résiste aux chocs puisqu'il n'est pas touché et reprend son propre

développement puisqu'il s'épanouit aux dépens des autres. » L'idée de sortir les pervers du bénéfice du mot de résilience pose pourtant trois problèmes.

Le premier est d'ordre pratique et repose sur l'identification de ceux qu'on appelle « pervers ». Leur première qualité – ou si on voit les choses autrement, leur principal défaut ! – est justement de faire en sorte de ne pas être démasqués. Et ils y parviennent d'autant mieux qu'ils réservent leur perversité pour leur vie intime ou privée en plaçant leur vie publique sous le signe du respect des apparences.

Le second problème porte sur l'articulation de la perversion et de la sublimation. D'abord, il existe des « pervers moraux » dont la jouissance est de contourner les lois et de faire souffrir leur prochain, et des « pervers sexuels » qui ont simplement une sexualité perverse polymorphe, pour reprendre l'expression de Freud. Mais, dans les deux cas, l'exclusion des pervers du champ de la résilience risque de nous cacher que sublimation et perversion peuvent faire bon ménage. Il s'agit de deux mécanismes d'aménagement des traumatismes qui ne s'excluent pas. Des personnalités gravement traumatisées peuvent avoir recours à la sublimation pour gérer certaines traces traumatiques, et à la perversion pour en gérer d'autres. Il n'y a aucune relation de cause à effet entre ces deux attitudes. Elles peuvent coexister, tout simplement, même si cela perturbe nos repères !

Enfin, le troisième problème posé par cette option n'est pas d'ordre pratique, mais théorique. Si nous remettons en cause la définition de la psychologie descriptive américaine centrée sur l'adaptation et l'efficacité sociale, on risque d'ouvrir la porte à toutes sortes d'autres restrictions. Chacun sera tenté de juger de la résilience selon ses choix théoriques, philosophiques, voire religieux. Entre la proposition de Boris Cyrulnik d'exclure les pervers du bénéfice du mot de « résilience », et celle d'autres auteurs qui veulent le réserver aux anciens traumatisés qui font preuve de respect et de souci d'autrui, par exemple, il n'y a pas de différence de nature, mais seulement de degré. Dans les deux cas, il s'agit d'un choix de principe. Et la confusion est d'autant plus grande que ces nouvelles définitions ne chassent pas la définition historique descriptive, mais qu'elles coexistent avec elle.

II. – La résilience et le difficile tournant de la psychanalyse

Il est de plus en plus évident, y compris pour beaucoup de psychanalystes, que la psychanalyse nécessite un réexamen général de ses fondements et de ses concepts. « L'envie du pénis chez la femme », la « pulsion de mort », le « contre-transfert », la place du « fantasme » par rapport à la réalité sont ainsi passés en quelques années du statut de certitude quasi théologique à celui de question. En revanche, la remise en cause à laquelle nous invite le mot de résilience se situe sur un autre terrain. Il ne s'agit pas de discuter le bien-fondé de certains concepts ou d'en avancer de nouveaux, comme l'ont fait par exemple Gisela Pankow avec celui de « greffe symbolique » – pour venir en aide aux sujets gravement traumatisés dont les capacités de symbolisation avaient été endommagées –

ou Nicolas Abraham et Maria Torok avec celui de « crypte ». Il s'agit plutôt de mettre le projecteur sur les concepts centrés sur le Moi et les mécanismes de défense parce que ce sont les plus acceptables pour des non-psychanalystes intéressés par la résilience. Or ces concepts, qui entretiennent l'illusion d'une maîtrise complète de son destin, ne représentent pas l'essentiel du message freudien, mais plutôt un correctif apporté par Anna Freud à l'œuvre de son père. L'essentiel de la leçon de celui-ci est que l'être humain ne travaille pas seulement à se construire, mais aussi à s'aliéner. À sa suite, le travail pionnier de Nicolas Abraham sur les « fantômes » (1978) est inséparable de la prise en compte de ceux qui nous hanteront jusqu'à notre mort sans que nous ne les identifiions jamais, mais cela est souvent oublié par les adeptes de la résilience. De la même façon, dans l'approche des « enveloppes psychiques » de Didier Anzieu, l'attachement au négatif disparaît totalement alors qu'il joue un rôle essentiel pour comprendre qu'on puisse être « amoureux » de ses traumatismes au point de ne pas vouloir se passer d'eux (1996). En outre, la psychanalyse fait jouer depuis le début au langage un rôle essentiel dans les processus psychiques. C'est par exemple ce que montrent, dans les deuils impossibles, les processus d' « antimétaphore » ou de « démétaphorisation » (N. Abraham et M. Torok, 1978). Or, dans la « résilience », rien sur ceux-ci, ni non plus sur les noirs désirs qui nous habitent, la compulsion de répétition et la fascination pour le mal et la mort. De ce point de vue, la référence aux travaux d'Anna Freud est ambiguë : quand celle-ci attirait l'attention des psychanalystes sur le rôle des processus secondaires, c'était en précisant qu'un système de défense efficace nécessite toujours une double base : « le Moi et le processus pulsionnel ». Aujourd'hui, la même référence, adressée à un public que les thérapies cognitives font pencher du côté des processus d'apprentissage et de la maîtrise de soi, sonne comme une invitation à oublier définitivement l'inconscient[1].

Ce paysage est aujourd'hui si confus qu'il n'est peut-être pas inutile de rappeler que la psychanalyse a abordé le territoire balisé par la résilience avec ses propres instruments, même si c'est d'une manière malheureusement peu connue.

Dès les années 1940, le psychanalyste hongrois Imre Hermann a montré que toutes les activités humaines constituent différents moyens pour tenter d'élaborer la souffrance de séparation. Nous sommes écartelés à tout moment entre le désir de fusionner avec nos objets sans pour autant nous y perdre et celui de nous en séparer sans pour autant les perdre. L'approche d'Imre Hermann a été largement reprise par Michaël Balint, puis par John Bowlby (1978). Mais cette approche d'Imre Hermann a eu des conséquences également importantes sur les travaux de trois psychanalystes d'origine hongroise, Boszormenyi-Nagy (1984) aux États-Unis, et Nicolas Abraham et Maria Torok en France (1978).

1. Mireille Fognini (2005) tente de sortir de cet écueil en proposant en contrepoint au concept de « résilience », défini comme un « rebond », celui de « rémanence », qui définit la façon dont un phénomène persiste après la disparition de sa cause. C'est intéressant, mais c'est supposer que les ambiguïtés du mot soient d'abord levées.

L'idée majeure de ces derniers était que nous sommes chacun engagé à tout moment dans un mouvement par lequel nous nous donnons des représentations de ce qui nous arrive, mais que nous ne pouvons construire celles-ci que si nous sommes soutenus dans cette tentative par un tiers. C'est leur théorie du symbole, éclairée par deux processus d'intériorisation des expériences nouvelles, l'introjection et l'inclusion psychique.

L'*introjection* permet de lier les éléments des expériences nouvelles aux traces laissées par les précédentes, dans un enrichissement permanent. Cette élaboration est étroitement tributaire de la qualité du lien qui attache à un tiers et du plaisir qu'on prend avec lui. Son lieu privilégié est d'abord la famille et le couple, puis les pédagogues et les amis et bien sûr, la psychothérapie. Elle peut aussi s'appuyer sur le jeu partagé avec un interlocuteur, réel ou imaginaire, et sur les rêveries. Elle fait intervenir dans tous les cas un travail psychique de symbolisation qui associe, dans sa forme complète, des composantes sensori-motrices, émotionnelles, imagées et verbales (S. Tisseron, 1987-2005).

Lorsqu'une introjection complète n'est pas possible à cause du déplaisir éprouvé dans une situation, l'individu réagit en enfermant à l'intérieur de sa personnalité une partie des émotions, des pensées et des représentations éprouvantes, voire leur totalité. C'est l'*inclusion psychique*[1]. Les éléments psychiques ainsi

1. Ce processus est parfois désigné à tort sous le nom d'« incorporation », y compris dans des textes tardifs de Maria

enfermés dans une sorte de « placard » risquent alors de produire des manifestations étranges, décalées, voire angoissantes, pour soi ou pour l'entourage. Le sujet ne s'y reconnaît pas, il lui semble même parfois être poussé par une force étrangère.

L'opposition de ces deux processus est particulièrement éclairante. Elle explique d'abord comment l'attachement sécure qui fait intervenir le plaisir relationnel contribue à l'intériorisation de figures parentales stables et structurantes, alors que les formes d'attachement insécures, qui se développent dans l'angoisse, font intervenir des figures peu structurantes : les premières favorisent l'introjection, tandis que les secondes favorisent les inclusions psychiques. Cette différence éclaire ce que certains auteurs ont appelé la « pseudo-résilience » : il s'agit d'une forme d'adaptation sociale construite sur des inclusions psychiques alors que la « résilience authentique » l'est sur des introjections.

Cette distinction permet également de comprendre pourquoi les modèles privilégiés d'attachement peuvent évoluer tout au long de la vie. Le processus d'inclusion psychique a l'introjection pour horizon nostalgique. Autrement dit, nous ne cessons jamais de tenter d'introjecter les expériences qui ont d'abord fait l'objet d'une inclusion psychique, et, lorsque nous y parvenons, nos modes d'attachement insécures se sécurisent. D'ailleurs, lorsque Peter Fonagy (2004)

Torok. En réalité, le mot d'« incorporation » est employé à l'origine par Nicolas Abraham pour désigner le fantasme par lequel des fragments de la situation traumatique se manifestent quand le clivage du Moi est ébranlé (1978).

postule que l'attachement sécure favorise le développement de ce qu'il appelle la « capacité de mentalisation » – qui consiste à donner du sens à l'expérience –, il ne dit pas autre chose que Nicolas Abraham parlant du travail psychique de l'introjection comme d'une mise en sens étroitement subordonnée à la qualité de la relation avec un tiers. Chez les deux auteurs, ce travail est un processus inconscient, automatique plutôt que délibéré, dont les deux prototypes sont la première relation mère/enfant et le travail thérapeutique. L'un de ces auteurs parvient à ces conclusions à partir de la théorie de l'attachement de Bowlby, l'autre à partir de la théorie du cramponnement de Imre Hermann... qui a fortement influencé Bowlby ! Ce qui est appelé « capacité réflexive » d'un côté, et « capacité d'introjection » de l'autre, fait partie d'un processus intersubjectif entre l'enfant – ou l'adulte – et un tiers qui remplit pour lui les fonctions maternelles.

Malheureusement, face à la nécessité de repenser la psychanalyse, beaucoup de psychanalystes craignent de devoir abandonner trop et d'un seul coup : la théorie des pulsions, la théorie des stades, le complexe de castration... Alors ils adoptent la « résilience » comme un « correctif » des excès freudiens. Ce mot leur semble un compromis séduisant. Il leur permet de s'inscrire dans les bouleversements actuels des sciences humaines sans renoncer à leurs concepts de base qu'ils se contentent d'habiller autrement. Et en effet, la théorie des stades ou le complexe de castration plus la résilience, c'est déjà mieux que sans elle !

Et, pourtant, qui ne voit aujourd'hui qu'il faut faire un pas de plus ? Ce pas consiste à s'intéresser aux processus par lesquels la vie psychique s'édifie à tout moment, au carrefour de trois grands domaines : l'environnement humain, notamment familial ; l'environnement non humain, constitué par les objets proches ; et l'environnement médiatique omniprésent qui associe aujourd'hui la télévision, la radio et Internet. Dans cette perspective, la capacité de résister à un traumatisme et de se reconstruire après lui n'est qu'un fait d'observation ponctuel qui ne préjuge en rien des mécanismes qui y sont mis en jeu, ni de sa stabilité dans la durée.

III. – Espoir et prudences

Chaque génération a besoin d'inventer ses mots et ses préoccupations pour maintenir intact son désir d'avoir devant elle son propre avenir. Le mot de « résilience » incarne aujourd'hui cette aspiration chez beaucoup de jeunes, notamment des soignants et des travailleurs sociaux. Mais, en même temps, nous avons vu que les risques de dérives et de quiproquos sont immenses. Ce n'est pas la médiatisation du mot qu'il faut craindre – ceux d'« inconscient », de « relativité », ou d'« existentialisme » ont connu en leur temps le même halo sémantique porteur de confusions –, c'est la nature particulière des contresens que la résilience nourrit : élitistes, voire stigmatisant pour certaines personnes et susceptibles de justifier un jour des politiques de prévention ciblée. Bien sûr, ce sont des quiproquos, mais quand on sait qu'ils étaient déjà largement répandus aux États-Unis autour du mot anglo-saxon, on se demande pourquoi certains chercheurs francophones sont si attachés à le reprendre : les mêmes causes entraînent les mêmes effets, et le mot de « résilience » provoque en France les mêmes contresens qu'aux États-Unis en étant assimilé à une sorte d'immunologie psychique.

Alors, et puisque ces pièges nous guettent tous, comment les éviter ?

1 / Tout d'abord, il est essentiel de distinguer entre les deux entrées du mot : l'entrée anglo-saxonne centrée sur la capacité de « rebondir » après un traumatisme, et l'entrée latine centrée sur la « résiliation » des effets d'un traumatisme.

Rappelons en effet que, de ce côté-ci de l'Atlantique, « résilier » revient à rompre d'anciens engagements, tandis que, pour les Anglo-Saxons, la « résilience » signifie la capacité de résister à un choc et de rebondir. Du point de vue de la définition « latine », on peut dire que les psychanalystes se sont toujours occupés de « résilience » comme une manière de rompre avec les effets préjudiciables d'un traumatisme. Bien que l'argument soit séduisant, il faut pourtant reconnaître qu'aucun psychanalyste n'a jamais employé le mot avant qu'il ne nous arrive avec sa définition anglo-saxonne ! Des psychanalystes auraient pu décider par exemple de désigner la rupture d'avec des habitudes psychiques ou comportementales par le mot de « résiliation » en lui donnant une signification psycho-dynamique, mais ils ne l'ont pas fait. En revanche, de l'autre côté de l'Atlantique, le mot de « résilience » a connu un succès extraordinaire, et il a inspiré de nombreuses méthodes qui ont en commun de partager une idéologie de la prévention. L'une de leurs conséquences est la conception de « tests de résilience », une idée évidemment absurde pour bon nombre de psychanalystes.

Ajoutons à cela le fait que la signification anglo-saxonne, portée par l'influence de la psychiatrie américaine, est largement diffusée sur la planète entière, et nous voyons que l'adoption en France du mot de « résilience » guidée par le désir de renouer avec la signification latine – celle d'une résiliation des effets d'un traumatisme vécu – a une allure de petit village gaulois résistant vaillamment aux envahisseurs...

2 / Une seconde forme de prudence à laquelle nous engage le mot de « résilience » est de ne jamais confondre notre définition personnelle – qui est évidemment pour chacun d'entre nous la meilleure – avec celle des autres. Il ne suffit pas d'employer le même mot pour être d'accord sur sa signification, même si nous avons plaisir à nous bercer de cette illusion !

Aujourd'hui, le même mot désigne en effet à la fois des comportements mesurables, l'hypothèse des processus sous-jacents, des explications après coup et des prédictions, une disposition subjective ou un ensemble de caractéristiques sociales. Et cette confusion est d'autant plus grande que, sous le mot de résilience, aucun concept nouveau n'a été décrit, ce qui légitime chaque branche de la psychiatrie et de la psychologie – voire du développement personnel – à mettre en avant les siens.

Autrement dit, il serait bon de toujours conjuguer la résilience au pluriel. À cause des différentes écoles qui y contribuent chacune avec leur propre définition, mais aussi parce qu'il existe des formes de défense aux traumatismes préjudiciables à la santé psychique et d'autres qui lui sont favorables, et aussi parce que c'est une chose d'envisager la résilience dans une optique prétraumatique – ce sont des mesures anticipatrices qui impliquent au premier chef les structures éducatives et familiales – et c'en est une autre de l'envisager dans une optique post-traumatique – ce sont les réparations dont s'occupent les thérapeutes.

3 / Il résulte de tout cela qu'il vaudrait toujours mieux *considérer la résilience comme une question plutôt que comme une réponse*. Une nouvelle fois, le point de vue des pionniers américains des années 1950 et 1960 montre la bonne voie. La résilience y est définie comme la capacité de résister à un traumatisme et/ou de se reconstruire après lui. Tout le reste est une tentative d'expliquer la résilience bien plus que la résilience elle-même. La résilience ne consiste ni dans des stratégies adaptatives, ni dans l'existence d'une bonne estime de soi, ni dans la constitution d'imagos secourables, ni dans la mise en jeu de processus de symbolisation, et elle ne se « mesure » certainement pas à l'aune de l'une ou l'autre de ces particularités. D'une certaine manière, c'est évident, mais la lecture des ouvrages sur la résilience montre que le pas est sans cesse franchi qui mène de la résilience comme constatation à la résilience comme explication, voire comme prédiction.

Cette dernière remarque permet de répondre à une interrogation qui est peut-être venue au lecteur au long de ces pages. Il a en effet sans doute remarqué que nous nous situions parfois en dehors de la résilience – par exemple en essayant de décrire les différents courants qui y ont contribué – et d'autres fois au dedans – par exemple en évoquant l'impossibilité de prévoir la résilience avant un traumatisme et la difficulté d'en juger après. C'est parce que le mot, pris au sens de la capacité de surmonter un traumatisme effectivement survenu, nous paraît une enveloppe phénoménologique large à peu près acceptable : si une personne ou un groupe se révèle capable de surmonter des difficultés graves, on peut dire qu'ils « font preuve de résilience » sans que cela ne préjuge en rien des mécanismes psychiques mis en jeu.

On peut faire preuve de résilience comme on fait preuve d'intelligence ou d'habileté face à une difficulté et pas à une autre, dans un environnement et pas dans un autre, à un moment de sa vie et pas à un autre ou encore de façon perverse ou altruiste, selon les circonstances ou l'interlocuteur. Ainsi envisagé, le mot de « résilience » désigne l'état, parfois provisoire, d'une personne gravement traumatisée qui n'a pas, de façon apparente tout au moins, de comportements auto- ou hétéro-destructeurs en lien avec son traumatisme : pas de tentative de suicide et pas de maltraitance vis-à-vis de ses proches notamment. Cette précision est importante car de nombreux sujets traumatisés ont su bâtir leur vie dans le domaine intellectuel et social, tandis que leur vie affective et leur appréciation intime sur eux-mêmes témoignent de graves difficultés. Mais comme leur vie publique est souvent la seule connue, ils peuvent bénéficier du label d'« exemple de résilience » ... tout au moins aussi longtemps que leurs proches ou leurs enfants n'ont pas apporté une lumière crue sur l'autre moitié d'eux !

Quant à l'explication qu'on peut donner des capacités de résilience constatées chez un sujet, elle relève des choix de chacun. Dans tous les cas, ces facteurs sont multiples – personnalité, histoire précoce, modalités d'attachement, environnement, etc. –, mais chacun peut évidemment décider de privilégier l'un d'entre eux sur tous les autres. C'est moins une affaire théorique que pratique : chacun choisit naturellement d'insister sur l'aspect sur lequel il lui semble possible, ou souhaitable, d'intervenir. C'est ainsi que les épidémiologistes s'intéressent à l'environnement ; que les cognitivistes privilégient les compétences adaptatives parce qu'ils ont mis au point des stratégies de soin visant à les développer ; que les psychanalystes s'intéressent à la symbolisation des expériences vécues parce que cela correspond à la logique d'une cure ; et que les thérapeutes familiaux insistent sur la mise en mots, par les parents, de leur histoire infantile, ainsi que sur les modes d'attachement privilégiés dans chaque famille.

Malgré les engouements qu'il suscite, nous voyons donc que l'importation dans le champ de la clinique de ce mot de la psychologie sociale américaine pose plus de problème qu'elle n'en résout. En revanche, la résilience est incontestablement promise à un bel avenir dans le domaine de la santé publique, ce qui n'est guère étonnant puisqu'elle est née dans le giron de l'épidémiologie. Ne perdons pas de vue, pourtant, que ce peut être pour le meilleur... ou pour le pire. Ce sera pour le meilleur si par exemple, ces travaux invitent à promouvoir un environnement qui aide les enfants à faire face à des situations ultérieures fragilisantes, notamment en développant un personnel d'encadrement des tout-petits mieux formé, plus nombreux et offrant une relation de qualité aux parents autant qu'aux enfants. Mais ce sera pour le pire si, sous prétexte d'atteindre le même résultat de façon ciblée, l'idée de « résilience » conduit à un dépistage des enfants « à risque » et à une étude des possibilités « résilientes » de leur entourage. Entre ces deux orientations, rien n'est joué d'avance.

BIBLIOGRAPHIE

Abraham N., *L'écorce et le noyau,* Paris, Flammarion, 1978.

Améry J., *Par-delà le crime et le châtiment. Essai pour surmonter l'insurmontable,* Arles, Actes Sud, 1966.

Anaut M., *La résilience au risque de la psychanalyse ou la psychanalyse au risque de la résilience ?, in* B. Cyrulnik, P. Duval, 2006.

Anthony E. J., Cohler B. J., Risk, vulnerability and resilience : An overview, in *The Invulnerable Child,* New York, Guilford Press, 1987.

Anzieu D. *et al., Les enveloppes psychiques,* Paris, Dunod, 1996.

Bachelard G., *La formation de l'esprit scientifique,* Paris, Vrin, 1986.

Bartholomew K., Horowitz L. M., Attachment styles among young adults : A test of a four-category model, *J. Personnal. Soc. Psychol., 61,* 226-244, 1991.

Belhaddad S., Mujawayo E., *Survivantes, Rwanda. Histoire d'un génocide,* La Roche d'Aigue, Éd. de l'Aube, 2004.

Boszormenyi-Nagy Y., Spark G. M., *Invisible Loyalties. Reciprocity in Intergenerational Family Therapy,* New York, Brunner Mazel, 1984.

Bowlby J., *Attachement et perte,* Paris, PUF, 1978-1984 (3 t.) (1969-1980).

Chiland C., *Réticence à propos de la résilience, in* B. Cyrulnik, P. Duval, 2006.

Claudel P., *Œuvres en prose,* Paris, Gallimard, « La Pléiade », 1965.

Cummings E. M., Classification of attachment on a continuum of felt security, in *Attachment in the Pre-School Years,* M. T. Greenberg, D. Cicchetti (p. 311-338), Chicago, Chicago University Press, 1990.

Cyrulnik B., *Un merveilleux malheur,* Paris, Odile Jacob, 1999.

Cyrulnik B., La résilience, risques idéologiques, *Enfance Majuscule,* n° 72-73, septembre-décembre 2003.

Cyrulnik B., Duval P., *Psychanalyse et résilience,* Paris, Odile Jacob, 2006.

Debray R., *Manifestes médiologiques,* Paris, Gallimard, 1994.

Debray R., *Transmettre,* Paris, Odile Jacob, 1997.

Debray R., *Introduction à la médiologie,* Paris, PUF, 2000.

Delage M., Résilience dans la famille et tuteurs de résilience, qu'en fait le systémicien ?, *Thérapie familiale,* Genève, n° 3, vol. 25, p. 339-347, 2004.

Dostoïevski F., *Souvenirs de la Maison des Morts,* Paris, 10-18, 1962, 1862.

Elayoubi F., *Prière à la lune,* Paris, Éd. Bachari, 2006.

Feeney J. A., Implications of attachment style for patterns of health and illness, *Child Care Health Development, 26,* 277-288, 2000.

Fogel J.-F., Patino B., *Une presse sans Gutenberg,* Paris, Grasset, 2005.

Fognini M., Résilience et rémanence des traumatismes, *Le Coq-Héron, 181,* Ramonville-Saint-Agne, Érès, 2005.

Fonagy P., Gergely G., Jurist E. L., Target M., *Affect, Regulation, Mentalization and the Development of the Self,* New York, The Other Press, 2004.
Frankl V., *Trouver un sens à sa vie,* Paris, Les Éditions de l'Homme, 2005.
Franck A., Le ghetto de Varsovie en héritage secret. Communication aux 2es Journées de travail Abraham et Torok du 2 avril 2005, *Le Coq-Héron,* Ramonville-Saint-Agne, Érès, 2006.
Freud A. (1949), *Le Moi et les mécanismes de défense,* Paris, PUF, 1975.
Garmezy N., Children in poverty : Resilience despite risk, *Journal of Psychiatry,* vol. 56, 1993.
Genet J., *Miracle de la rose,* Paris, Gallimard, « Folio », 2002.
Gray M., *Vivre debout,* Paris, Laffont, 1993.
Grotberg E., *A Guide to Promoving Resilience in Children. Early Childhood Development : Practice and Reflections,* La Haye, Bernard Von Leer Foundation, 1995.
Guedeney N., Guedeney, A., *L'attachement. Concepts et applications,* Paris, Masson, 2002.
Guedeney A., L'attachement et la résilience : théorie clinique et politique sociale, *in* B. Cyrulnik, P. Duval, 2006.
Hanus M., *La résilience, à quel prix ? Survivre et rebondir,* Paris, Maloine, 2001.
Henderson N., Benard B., Sharp-Light N., Resiliency in action : Practical ideas for overcoming risks and building strengths, in *Youth, Families & Communities,* San Diego, Resiliency in Action Inc., 1999.
Hermann I. (1943), *L'instinct filial,* Paris, Denoël, 1972.
Iblova P., La culture et l'art comme facteurs de résilience, *Reliance,* n° 17, Ramonville-Saint-Agne, Érès, 2005.
Ionescu S., *Pour une approche intégrative de la résilience, in* B. Cyrulnik, P. Duval, 2006.
Jeal T. (1971), *Livingstone,* Eastbourne, Book Club Associates, Éd. Robert Kirkman, 1973.
Kaës R., *Le groupe et le sujet du groupe,* Paris, Dunod, 1993.
Klohnen E. C., Conceptual analysis and measurement of the construct of ego resiliency, *Journal of Personality and Social Psychology,* 70, 1067-1079, 1996.
Lakoff G., Johnson M. (1980), *Les métaphores dans la vie quotidienne,* Paris, Éd. de Minuit, 1985.
Latour B., *Nous n'avons jamais été modernes : essai d'anthropologie symétrique,* Paris, La Découverte, 1994.
Lazarus R. S., Folkman S., *Stress, Appraisal and Coping,* New York, Springer, 1984.
Lecomte J., *Guérir de son enfance,* Paris, Odile Jacob, 2004.
Lecomte J., Favoriser la résilience des personnes handicapées mentales, *Reliance,* n° 18, Érès, Ramonville-Saint-Agne, 1999.
Lighezzolo J., De Tychey C., *La résilience,* Paris, In Press, 2004.
Luthar S. *et al.,* The construction of resilience : A critical evaluation and guildelines for futur work, *Child Development,* vol. 71, n° 3, 2000, p. 543-562.
Masten A. S., Coastworth J. D., The development of competence in favou-

rable and unfavourable environments : Lessons from research on successful children, *American Psychologist, 53,* nº 2, 1998.
Mijolla-Mellor S., Sublimation et résilience, *in* B. Cyrulnik, P. Duval.
Miller A. (1988), *La souffrance muette de l'enfant,* Paris, Aubier, 1990.
Nachin C., *Le deuil d'amour,* Paris, Éd. universitaires, 1989.
Patterson J., Promoting resilience in families experiencing stress, *Pediatric Clinic of North America, 42,* 1, p. 47-63, 1995.
Poletti R., Dobbs B., *La résilience. L'art de rebondir,* Saint-Julien-en-Genevois, Paris, Éd. Jouvence, 2001.
Papetti Y., *Bertha Pappenheim. Du deuil à la réparation,* Paris, Éd. des Femmes, 1986.
Rutter M., Some conceptual considerations, in *Journal of Adolescent Health, 14,* p. 626-631, 1993.
Segal J., *Winning Life's Thougest Battles, Roots of Human Resilience,* New York, McGraw-Hill, 1986.
Semprun J., *L'écriture ou la vie. Souvenirs,* Paris, Gallimard, 1994.
Scheub U., *Das falsche Leben, Eine Vatersuhe (La fausse vie, la recherche d'un père),* München, Piper Verlag, 2006.
Spangler G., Grossmann K. E., Biobehavioral organization in securely and insecurely attached infants, *Child Development, 64,* 1993, 1439-1450.
Szerman S., *Vivre et revivre. Comprendre la résilience,* Paris, Laffont, 2006.
Thomas C., *Souffrir,* Paris, Payot, 2005.
Tisseron S. (1987), *Tintin et les secrets de famille,* Paris, Séguier ; rééd., Aubier, 1992.
Tisseron S., *La honte. Psychanalyse d'un lien social,* Paris, Dunod, 1992.
Tisseron S. (2002), *L'intimité surexposée* (2001), Paris, Ramsay ; rééd., Hachette Littérature.
Tisseron S., *Vérités et mensonges de nos émotions,* Paris, Albin Michel, 2005.
Vanistendael S., Lecomte J., *Le bonheur est toujours possible. Construire la résilience,* Paris, Bayard, 2000.
Werner E. E. et Smith R. S., *Vulnerable but Invincible : A Longitudinal Study of Resilient Children and Youth,* New York, McGraw-Hill, 1982.
Winnicott Donald W. (1945), *Les enfants et la guerre,* Paris, Payot, 1994.
Wolin St., Wolin Sy., *The Resilient Self,* New York, Villard, 1993.

TABLE DES MATIÈRES

Imprimé en France
par MD Impressions
73, avenue Ronsard, 41100 Vendôme
Août 2009 — N° 55 376

MD Impressions est titulaire du label Imprim'Vert®